MURAKAMI Ryû

Lignes

Roman traduit du japonais
par Sylvain Cardonnel

Éditions
Philippe Picquier

DU MÊME AUTEUR
AUX ÉDITIONS PHILIPPE PICQUIER

Melancholia
Ecstasy
Parasites
Bleu presque transparent, poche n° 60
La guerre commence au-delà de la mer, poche n° 77
Les Bébés de la consigne automatique, poche n° 92
Kyoko, poche n° 141
Raffles Hotel, poche n° 174
Miso Soup, poche n° 197

Titre original : *Line*

Mas de Vert
B.P. 150
13631 Arles cedex

En couverture : © Christophe Luxereau

Conception graphique : Picquier & Protière

ISBN : 287730-672-0
ISSN : 1251-6007

I

MUKAI

Peu après dix-huit heures, Hisao Mukai prit une chambre dans un hôtel de luxe situé dans le quartier de Shinjuku. Il portait des lunettes noires et affichait une allure un peu différente de celle qu'il adoptait chez lui ou dans la boîte qui l'employait, comme s'il craignait de rencontrer quelqu'un. En traversant le hall, il s'était assuré que ne se trouvait là personne de sa connaissance.

Mukai a trente ans et travaille pour Suchiru Photo Library. Ce n'est pas un photographe très connu et son boulot consiste essentiellement à acheter des photos d'amateurs pour cette boîte, revendues ensuite, libres de droits, à différents médias. La patronne de cette société est une femme dans la quarantaine, elle s'appelle Akiko Mochizuki. C'est à la mort de son mari, lui aussi photographe, qu'Akiko Mochizuki s'est lancée dans cette activité, à une époque où il y avait encore très peu d'agences de photo. Elle avait alors un peu plus de trente ans et l'appartement de deux pièces qu'elle occupait avec son mari était devenu son bureau.

Mukai était étudiant dans une université privée de la ville quand il était tombé sur une petite annonce : « Achète photos », passée par Akiko Mochizuki dans une revue spécialisée, et s'était présenté à son bureau. Cela devait remonter maintenant à une dizaine d'années. Mukai était un étudiant en lettres très ordinaire inscrit dans une université tout aussi ordinaire. Mais il faisait de la photo depuis ses années de collège et avait même participé à plusieurs concours organisés par des revues. Il se considérait lui-même comme un semi-pro.

Mukai se souvient parfaitement de la première fois où il a rencontré Akiko Mochizuki. Lorsqu'il lui avait présenté une sélection d'une cinquantaine de diapos et une centaine de photos noir et blanc sur planches-contacts, elle avait déclaré : « C'est différent ! » Elle n'avait pas dit « c'est bon » ou « c'est mauvais », mais « c'est différent ». « C'est différent. » Mukai n'avait pas compris ce qu'elle voulait dire et lui avait demandé des explications. Il avait une appréciation très personnelle de ses photos et de s'entendre dire « c'est différent » l'irritait profondément. Un choc.

— Je ne dis pas que tu n'as aucun talent ou que tes photos sont nulles. Mais ça, c'est différent. Ici, on ne cherche pas des photos artistiques mais des photos pour cartes postales ou calendriers. On ne fait pas dans la carte postale artistique mais dans la carte postale tout ce qu'il y a de plus ordinaire.

Mukai s'était donc mis à faire des photos de fleurs, des hortensias sous la pluie, des jardins publics déserts, le port de Yokohama, et il était venu les porter au bureau d'Akiko Mochizuki. Elle lui en avait pris plusieurs et comme il n'avait pas encore décidé ce qu'il ferait à la fin de ses études, pendant l'automne de sa quatrième année de fac, elle lui avait demandé s'il ne voulait pas travailler dans sa société.

— Si tu entres dans une boîte normale, tu n'auras plus guère le temps de faire de la photo. Ici, tu ne toucheras pas un salaire mirobolant ; en revanche, tu resteras dans le milieu de la photo. Je crois que tu as plein d'avenir et, plus que tout, je crois que tu as l'œil pour les photos.

Et Mukai avait fini par entrer dans la société d'Akiko Mochizuki. Cette façon de dire qu'il avait l'œil pour les photos lui déplaisait légèrement. Cela équivalait à lui dire qu'il n'avait pas de talent. Mais il devait reconnaître qu'Akiko Mochizuki avait raison : travailler dans le milieu de la photo aurait plu à n'importe qui et c'était un métier plein d'avenir. Surtout à la fin des années quatre-vingt et au début des années quatre-vingt-dix. Au moment de l'éclatement de la bulle spéculative, les boîtes de publicité avaient eu tendance à éviter les photographes connus et la société d'Akiko Mochizuki avait rapidement vu son chiffre d'affaires se multiplier. La demande s'était encore fortement accrue avec l'apparition des ordinateurs capables de faire du traitement d'image. Si, dans les premiers temps, Mukai avait été l'unique employé, du personnel avait été embauché peu à peu et le bureau transféré dans un immeuble de standing au sud d'Aoyama.

Il y a quatre ans, lorsque la société avait commencé à se développer, Mukai s'était marié avec une employée de bureau d'une petite agence de publicité cliente, elle était d'une année plus jeune que lui et s'appelait Maki Nagano. Si Akiko Mochizuki ne s'était pas à proprement parler opposée à ce mariage, elle ne l'approuvait pas non plus tout à fait. « Elle a un problème, Maki », lui avait-elle répété à plusieurs reprises. On pouvait dire que c'était le premier amour de Mukai. Et lorsqu'il marchait en compagnie de Maki Nagano ou se trouvait avec elle dans un bar, il devenait le possesseur de cette silhouette élégante vers laquelle convergeaient les regards des hommes. Ils étaient partis en lune de miel en Australie et avaient acheté, à crédit, un appartement en banlieue dans lequel ils habitaient.

Mais cette année, Maki avait commencé à dire que ça ne pouvait plus durer ainsi. Mukai avait d'abord cru que son habitude d'aller « s'amuser » une fois par mois avait été découverte. Akiko Mochizuki l'avait autrefois mis en garde, mais il avait conservé l'habitude d'aller aux putes une fois par mois.

— Mukai, tu es vraiment trop parfaitement sérieux. Mais comment dire ? Paraître trop sérieux, à l'inverse, ça finit par donner l'impression d'être sale.

Ils parlaient alors de sexe et Mukai comprit ce qu'Akiko Mochizuki voulait dire. Il était plutôt introverti : pas le genre à se faire rapidement des amis, trop simple sur tout, plutôt le genre ennuyeux.

Pourvu qu'il ait la possibilité de tripoter des appareils photo, des pellicules ou du papier à tirage, le reste n'avait aucune importance. Et puis, une fois par mois, il fréquentait les prostituées. Ces filles, elles n'aiment pas les types crasseux et se moquent des types mal habillés. Et c'est parce qu'une fois par mois Mukai allait « s'amuser » qu'il s'était mis à prendre plus de bains qu'il n'en avait jusqu'alors l'habitude, qu'il se rendait aussi plus souvent chez le coiffeur et que sa garde-robe s'était remarquablement diversifiée. Il avait aussi pris de l'assurance dans sa conversation avec les femmes. Il avait appris à se sentir plus détendu en présence d'une femme.

Au début, il fréquentait surtout les *soap lands* et les *fashion health*[1]. Il ne lui était pas très compliqué, en sacrifiant sur les pellicules et le matériel, de consacrer entre vingt et trente mille yens par mois pour ses « distractions ». Akiko Mochizuki lui versait un salaire correct qui augmentait à mesure que la société prospérait. Quand il avait rencontré Maki, c'est-à-dire au début de la crise économique et au moment où les ordinateurs capables de traiter les images s'étaient répandus, la société était très sollicitée et Mukai avait amélioré la qualité de ses « distractions ». Il prenait une chambre pour la nuit dans un hôtel de la ville et appelait une fille.

Même après son mariage, il n'avait pas renoncé à ses « distractions ». Maki était de loin bien plus

1. Lieux de plaisirs.

jolie que toutes ces filles. Elle était cultivée. Elle avait des sujets de conversation très divers. Il était pourtant difficile de se sentir proche d'elle et il ne pouvait s'empêcher de se demander comment une fille comme elle avait bien pu désirer se marier avec un type comme lui.

— Maki, elle a un problème.

C'est ce qu'Akiko Mochizuki avait simplement dit, mais peu de temps après son mariage, Mukai avait commencé à entendre divers ragots qui couraient sur le compte de Maki. Elle avait été longtemps la maîtresse d'un homme très connu qui venait de la plaquer et elle avait choisi d'épouser un type plus « docile ». Elle était la fille aînée d'une riche famille du Kansai et avait entretenu depuis ses années d'université une liaison adultère avec un homme célèbre ; mais cette liaison commençait à poser un problème pour des questions d'héritage, aussi avait-elle décidé de solder les comptes et avait attrapé le premier venu pour se marier. Elle était longtemps restée la maîtresse d'un homme connu, mais comme ce type ne cessait de la rendre jalouse, elle avait épousé un garçon plus convenable tout en poursuivant cette relation avec son amant… Cet homme célèbre, de politicien se transformait parfois en homme d'affaires, mais c'était à peu près tout ce que disait la rumeur.

Quand il avait fait sa connaissance, Maki avait vingt-neuf ans et il ne cessait de s'interroger sur les motifs de ce mariage tardif pour une femme qui réussissait dans son travail et qui, de surcroît, était jolie. Lorsque les ragots qui circulaient sur le compte de Maki commencèrent à lui parvenir, la fréquence des coups de téléphone anonymes augmenta, elle aussi, considérablement. On téléphonait chez eux et quand il décrochait, on raccrochait. Puis Maki se fit installer une seconde ligne, personnelle, et lui interdit de répondre sur cette ligne. Elle était bien la fille d'un entrepreneur du Kansai, c'était une réalité. Elle possédait son propre compte en banque, distinct de celui de Mukai, et s'achetait des fringues quand bon lui plaisait.

Tous les amis de Mukai, à commencer par Akiko Mochizuki, pensaient qu'il n'y avait pas de raison pour qu'un tel mariage fonctionne bien, mais s'il nourrissait bien sûr quelques doutes sur Maki, il ne comprenait pas vraiment ce que signifiait un mariage qui fonctionne bien. Il se livrait à ses « distractions » une fois par mois, et son travail lui prenait beaucoup de temps. Il n'avait jamais pensé au divorce. Maki avait toujours été très forte et indépendante. Elle avait invariablement le dessus quand ils se disputaient. Elle semblait préparer méthodiquement les scènes qu'elle lui faisait, et il endurait sans broncher les vexations qu'elle lui infligeait systématiquement. Il y avait pourtant un sujet qu'il ne supportait pas qu'elle aborde : celui de savoir s'il baisait Akiko Mochizuki. Mukai respectait si profondément Akiko Mochizuki qu'il ne supportait pas de pouvoir être soupçonné.

Maki était plutôt du genre hystérique, et au moindre prétexte, la dispute prenait nécessairement plusieurs heures. Mukai demandait souvent conseil à Akiko Mochizuki.

— Ce que tu me racontes là est bien ennuyeux.

— Remarque que je m'y suis habitué.

— Tu as des nerfs à toute épreuve.

— Cela ne m'était encore jamais arrivé.

— Quoi donc ?

— Les querelles. Jusqu'à présent, jamais de dispute. Même à la maison, mon vieux et ma mère, mon frère aussi, on était tous très calmes. En fait, on n'avait pas vraiment de raisons de se parler. Alors la première fois, je me suis dit que cette femme, eh bien, elle était pleine de vie, une femme moderne. C'est d'ailleurs ce que je crois toujours un peu.

— Oui… Moi, cette Maki, je ne la connais pas tant que ça, alors je ne peux pas en parler. Mais j'ai souvent entendu dire que c'était une fille étrange. Vraiment. Depuis toujours, c'est une fille qui garde pour elle ce qu'elle a envie de dire, puis qui soudain t'agresse, comme si plus rien n'avait d'importance. C'est pas une fille qui s'en laisse conter, autrement dit : c'est une violente. On raconte beaucoup de choses à son sujet. Avant votre mariage, je t'ai dit qu'elle avait un problème, mais je ne faisais pas référence aux rumeurs. Tu le comprends ça, Mukai ?

— Oui, je comprends. Pour les ragots aussi. C'est un milieu que je ne connais pas.

— Que tu ne connais pas ?

— Les riches, les hommes célèbres, c'est un monde que j'ignore.

— Une femme au foyer qui se fait installer une ligne de téléphone personnelle ! Ça t'inquiète pas ? C'est pas normal, non ?

— Et puis, qu'est-ce que ça veut dire ces soupçons sur nous deux…

— Si c'est de la jalousie, ça signifie qu'elle éprouve encore pour toi quelques sentiments. Tu ne crois pas ?

— Moi ?

— Si elle se met vraiment à te détester, il est fort possible qu'elle t'agresse physiquement un jour ou l'autre dans une crise d'hystérie.

— J'en sais rien. Je ne sais plus…

— Tu as toujours tes petites « distractions » ?

— Ouais. Mais c'est surtout pour conserver l'impression d'avoir quelque chose à moi.

— Si elle s'en rend compte, ça va être terrible, non ?

— Y a pas de raison qu'elle l'apprenne. Et, avec tout ce qu'elle peut me dire, je crois que tout ce que je peux bien faire ne l'intéresse pas beaucoup.

— Quoi qu'il en soit, tu ferais mieux de bien réfléchir. Ça ne va pas de soi. On ne sait pas ce qui peut se produire.

Akiko Mochizuki avait parfaitement raison. Au début de cette année, Maki avait demandé le divorce. Et quand il lui avait demandé pourquoi, elle s'était contentée de répéter que ça ne pouvait plus durer ainsi. Il n'avait d'ailleurs toujours pas compris ce qui ne pouvait plus durer ainsi. Puis bientôt, un avocat avait fait son apparition et Mukai s'était fait virer de chez lui. Akiko Mochizuki avait trouvé cela très bizarre et lui avait donné plusieurs conseils, mais cela n'avait pas provoqué en Mukai le désir de lutter contre Maki et son avocat. Il souffrait surtout de vivre sans elle. Il avait emménagé dans un appartement bon marché, une pièce-cuisine, situé non loin du bureau. Quand il avait commencé à habiter seul, il s'était entendu dire par tout le monde qu'il avait vieilli. La rumeur disait aussi beaucoup de choses, par exemple que cet homme connu avait décidé de reprendre Maki, ou encore, maintenant qu'elle était séparée de son mari, qu'elle avait demandé en pleurant à cet homme connu de reprendre leur liaison. Que cet homme connu lui avait dit qu'il ne la reprendrait pas si elle ne divorçait pas.

Mukai avait téléphoné des centaines de fois à Maki qui raccrochait aussitôt. Puis il n'y avait plus eu de coups de téléphone. Maki n'avait pas communiqué à Mukai son nouveau numéro. Deux mois après la séparation, sous l'influence d'Akiko Mochizuki, il avait pris lui aussi un avocat. Maintenant les deux avocats discutaient du montant de la pension. L'avocat de Maki était un personnage assez réputé du barreau. Celui de Mukai se contentait de lui répéter que, s'il parvenait à connaître le nom du correspondant avec lequel sa femme s'entretenait au téléphone ainsi que le contenu de leurs conversations, alors là, oui, peut-être… Bref, ce genre de bonhomme insignifiant. Mukai pensait qu'il ne gagnerait jamais le procès, et, bien que vivant désormais séparé d'elle, il était torturé par le désir de savoir à qui Maki pouvait bien téléphoner. Qui était cette femme ? Qui était Maki ? Cette interrogation le torturait.

Après avoir rempli sa fiche, il monta dans la chambre avec son bagage. Il attendit la nuit en buvant une bière, puis appela une fille d'un club sadomaso.

Mukai utilisait les services des clubs sadomasos depuis environ trois ans. Il n'était pas question d'avoir des relations sexuelles avec ces filles et Mukai pensait que c'était ce qui lui convenait le mieux pour se dégager de cette relation faussée qu'il vivait au quotidien avec Maki.

Par la fenêtre de l'hôtel, il regardait les lumières qui se détachaient des parois grises du gratte-ciel abritant le siège du gouvernement de la municipalité de Tôkyô. Akiko Mochizuki nourrissait pour Mukai des sentiments très maternels et elle avait longtemps voulu l'interroger concrètement sur la nature de ses « distractions ».

— Sadomaso ?

— Ouais, enfin récemment, et j'avoue que c'est fascinant.

— Tu te sers d'un fouet ?

— Non, non. C'est pas tant de faire souffrir physiquement, dans mon cas, ça passe surtout par la parole.

— Tu compenses ce que te fait subir Maki ?

— M'ouais, sans doute.

La fille entra. Les filles des clubs, elles arrivent en général à l'hôtel habillées d'un tailleur ou d'une robe. Y a pas de filles qui viennent en jeans ou en pull-over. Sans doute que la plupart des clients préfèrent les filles bien sapées. Il y a pourtant très peu de femmes qui sachent porter correctement un tailleur ou une robe.

La fille avait un tailleur rose. Elle était plutôt maigre, le regard morne. Lorsqu'il lui proposa un verre de bière, elle en avala une gorgée d'une manière incroyablement lente, sans prononcer un mot.

Il l'envoya prendre une douche puis la ligota, nue, assise sur le canapé et lui écarta les cuisses. Mukai aime parler aux filles dans cette posture. Certaines filles éprouvent de la honte à se retrouver dans cette situation, d'autres pas. Et les deux cas de figure plaisent à Mukai qui aime les femmes installées dans des poses humiliantes devant lui. Il les contemple avec mépris, leur parle en se livrant à divers attouchements et pour finir, il leur éjacule dans la main ou dans la bouche.

— Depuis quand tu fais ça ?

— Les trucs sadomasos ?

— Et de quoi crois-tu que je parle ?

— Depuis deux ans.

— C'est plein de pervers, non ?

— Oui.

— C'est quoi ton expérience la plus étrange ?

— Avec les clients ?

— Ouais.

— Y en a une, je voudrais bien l'oublier, mais je n'y arrive pas. Une femme.

— Une femme ?

— Oui. Comment dire, une fille un peu barge.

— Une perverse ?

— Un jeu de lesbienne. Mais comment dire ? Elle peut entendre et voir dans les câbles électriques.

— Sans blague !

— Je ne mens pas. Cette fille, elle disait « lignes », mais en fait, elle parlait des câbles qui relient les téléviseurs ou les magnétoscopes. Eh bien, elle, elle est capable de voir dedans. Comment appelle-t-on ça ? Les signaux qui circulent dans les câbles électriques. Elle disait qu'elle pouvait lire les images sans avoir besoin de regarder l'écran.

— Tu déconnes !

— Mais pas du tout. Quand on a eu fini, j'ai reçu un coup de fil du bureau. Eh bien, elle, elle se tenait éloignée du téléphone, et rien qu'en regardant le fil, elle a compris tout ce que la patronne du club venait de dire. Exactement. Chaque mot, chaque parole, elle les avait entendus rien qu'en regardant le fil. Je lui ai dit que je croyais devenir folle.

II

JUNKO

Un court instant, Mukai ne trouva rien à dire. L'idée venait de lui traverser l'esprit que, si cette fille existait vraiment, il pourrait très probablement apprendre avec qui et de quoi Maki s'entretenait au téléphone.

Mukai regarda sa montre, fit mentalement ses comptes et demanda à prolonger la séance. Il bombarda la fille d'insultes et la tourmenta avec un vibromasseur. Une heure plus tard, il éjaculait dans sa bouche. Il décida alors de l'interroger sur cette femme qui pouvait lire dans les câbles. Au moment de recevoir le sexe de Mukai dans sa bouche, la fille avait demandé un préservatif. Mukai rencontrait souvent ce problème avec les filles des clubs sadomasos. Mais ce soir, quand la fille le lui avait demandé, il avait enfilé le préservatif sans protester.

— Dis-moi, tu t'appelles comment ?

La séance terminée, voilà ce que Mukai venait de demander à la fille qui sortait de la douche.

— Megumi, répondit-elle, le corps encore humide de la douche, roulé dans une serviette éponge. De l'eau dégoulinait de ses épaules et de sa nuque. La séance est finie ?

— Oui, tu peux te rhabiller.

— Vous avez prolongé la séance, je dois prévenir l'agence.

— Pas de problème, téléphone. Repose-toi aussi un peu, si tu veux. Je paierai pour deux heures.

La fille grimaça comme Mukai finissait de parler. « D'accord », fit-elle et elle commença à se rhabiller.

Elle défit la serviette et se frotta le corps une nouvelle fois sans dissimuler son sexe. Elle remit son soutien-gorge.

— C'est la mode de ne plus porter de bas ? demanda-t-il comme elle enfilait sa petite culotte sur ses jambes maigres. Il faisait des efforts pour la mettre en confiance car il comptait l'interroger sur la femme qui voyait les images et entendait les sons qui circulent dans les câbles. Et les filles des clubs, en général, n'aiment pas parler avec les clients.

— Oui, c'est la mode, répondit la fille qui passait maintenant ses bas, l'air de dire : Et alors ?

— Il ne fait pas encore particulièrement froid. On voit encore pas mal de femmes les jambes nues.

— Oui, on en voit.

— Dis-moi. Excuse-moi, j'ai oublié ton prénom. Comment t'as dit que tu t'appelais ?

La fille grimaça.

— Megumi, répondit-elle.

— Vraiment, excuse-moi. C'est pas que j'oublie spécialement le prénom des filles.

— Vous vous amusez trop sans doute ?

— Non, pas tant que ça. Une fois par mois.

— Les personnes qui s'amusent beaucoup finissent par confondre les prénoms des filles.

— Une fois par mois, on ne peut pas dire que ce soit souvent.

— En effet.

La fille passa son tailleur et remonta la fermeture éclair sur la hanche.

— Je peux refaire ma coiffure ? demanda-t-elle à Mukai.

— Ouais, vas-y, approuva Mukai. Si tu as faim, je peux demander au *room-service* de nous monter quelque chose, ajouta-t-il en direction de la fille qui se dirigeait vers la salle de bains.

— Euh ! le *room-service* ?

— Ouais, si tu as faim…

— Un peu.

Elle sourit timidement en pressant ses doigts sur son ventre et ce geste soulignait davantage sa maigreur. Mukai fut touché par ce sourire. Ce sourire, ce sourire de femme, il ne lui avait pas été donné souvent d'en voir de pareils. Maki ne lui avait jamais fait un tel sourire. Un sourire qui mêlait avec justesse une expression de joie et une légère pointe de honte. Mukai n'avait jamais été capable d'être la cause d'un tel sourire.

— Je commande quelque chose. Qu'est-ce que tu veux ?

— Qu'est-ce qu'il y a ?

— Rien que des trucs légers, des sandwichs, du

curry rice, du riz pilaf sans doute. Une fois, j'ai mangé ici un curry pas mauvais.

— Quel genre de curry ?

— Au bœuf ou au poulet.

— Ah oui ! Mais moi, je ne mange pas de viande.

— Y en avait aussi aux crevettes. Crevettes ?

— Bon, alors un curry aux crevettes.

— Et pour la boisson ? Si tu veux une bière ou un coca, il y en a dans le mini-bar, mais si tu veux quelque chose de chaud, je peux le commander.

— Qu'est-ce que vous prenez, vous ?

— Moi ?

— Vous prenez quelque chose de chaud ?

— Non, je vais boire une bière.

— Bon, alors un coca, ça va pour moi. Merci.

La fille s'inclina légèrement pour remercier puis pénétra dans la salle de bains d'où parvint bientôt le bruit d'un sèche-cheveux.

Tout en écoutant le bruit du sèche-cheveux, Mukai appela le *room-service* pour commander un curry aux crevettes. La voix de l'employé était froide et l'humeur de Mukai changea. « Vous pouvez servir rapidement ? » demanda-t-il. « Je regrette, mais cela risque de prendre environ vingt minutes : nous sommes débordés. » Il n'y avait aucune sécheresse dans la réponse, mais elle lui laissa une impression désagréable. Il pensa au personnel du *room-service*, puis à Maki qui traitait son avocat comme un employé. Il n'y a aucune raison pour que les choses se passent ainsi, pensa-t-il. Le malheur germe en vous, en un lieu inconnu de vous, puis un jour, brutalement, il vous submerge. C'est une chose qu'il avait apprise de son expérience désastreuse avec Maki.

Jusqu'à sa rencontre avec Maki, son existence n'avait rien eu de très palpitant. Il travaillait entouré de photos et ça lui plaisait. Il n'avait jamais vraiment pris le temps de se demander si ce travail l'épanouissait ou s'il se sentait libre. Dans les photos, rien ne bouge. Mukai aimait celles qui ne racontent pas plus que ce qu'elles montrent. Il y avait bien sûr eu une période où il s'était pris de passion pour les photographes de presse et les correspondants de guerre, mais dans sa jeunesse il ne jurait que par la photo artistique. Ce qu'il aimait en fait, en dehors des photos dites artistiques ou de presse, c'étaient celles prises par des photographes célèbres, les photos de marque pour ainsi dire. Il s'en était rendu compte en travaillant pour Akiko Mochizuki. Les photos qu'il aimait, c'étaient des images paisibles qui ne laissaient présager aucun risque d'érosion de soi.

Mukai était né dans une famille d'employés du nord de Saitama et il avait grandi avec l'impression que tous les êtres humains qui logeaient sous ce toit – ses parents, lui, Mukai, et même son frère plus jeune de trois ans – n'étaient que des ombres. Son père travaillait dans les bureaux d'un imprimeur installé à la limite de Saitama et de Tôkyô, et sa mère occupait un poste à mi-temps dans un nouveau magasin de discount assez connu, situé non loin de la maison. Ces parents étaient des gens paisibles, des gens discrets qu'on ne remarquait jamais. A l'école primaire, lors de la journée portes ouvertes, il avait fini par renoncer à chercher la silhouette de sa mère qui devait pourtant être là, quelque part. Son apparence et les vêtements qu'elle portait, tout en elle était terne, et comme elle se tenait toujours derrière les autres mamans, la tête baissée, il ne savait jamais où elle se trouvait.

Il ne se souvenait pas non plus d'avoir jamais vu son père rire aux éclats ou, inversement, se mettre en colère. La maison avait été construite sur un terrain appartenant au grand-père et elle était encore entourée de rizières quand Mukai était enfant. Son père ne rentrait jamais tard le soir après avoir bu, il n'invitait jamais d'amis ou de collègues à la maison. La famille n'allait quasiment jamais manger à l'extérieur. Les voyages, on pouvait les compter. Mukai ne gardait de vrais souvenirs que d'un voyage à Sendai. Pendant l'été de sa deuxième année de collège, la famille au complet était partie dans la maison familiale de sa mère à Furukawa dans la préfecture de Miyagi. C'était la période d'*Obon*[1], et les hôtels et les *ryokan*[2] de Sendai étaient tous complets. La réservation qu'ils avaient faite au *City Hotel* avait été annulée par erreur. Lorsqu'on le leur annonça, Mukai vit sur le visage de son père une expression qu'il ne lui avait jamais

1. Fête des morts (mi-août), période de vacances au Japon.
2. Auberge traditionnelle.

connue. Pendant une fraction de seconde, sa figure avait été déformée par la colère. Les muscles du visage s'étaient tendus dans un mouvement sinistre, son regard s'était transformé et Mukai s'était demandé si son père n'allait pas se mettre à hurler à pleins poumons. Mais il n'y avait aucune raison de craindre que son père se mette à hurler à pleins poumons. Car cela aurait voulu dire que son père était soudain devenu quelqu'un d'autre.

Par la suite, Mukai était entré à l'université et avait quitté la maison familiale. Son père n'était pas du tout l'homme tranquille qu'il avait imaginé et il avait compris que la colère ou ses autres sentiments, son père ne les montrait tout simplement pas. Et, sur ce point, il lui ressemblait. Ses sentiments, il les gardait bouclés au fond de lui. Ça durait depuis l'enfance et il avait beau essayer de les exprimer, rien n'échappait à la vigilance de son système de défense interne. Il n'avait ni ami ni petite amie et les personnes qu'il fréquentait le trouvaient terne ou trop sombre. Il se disait qu'il finirait bien par s'accepter tel qu'il était et il avait fini par renoncer, parce que ça le fatiguait, à réfléchir au moyen d'exprimer ses sentiments.

A vrai dire, les gens prenaient tout de suite conscience de la barrière qu'il était parvenu, avec le temps, à établir entre lui et le monde extérieur. Il pensa que les seules femmes qui avaient eu de l'affection pour lui étaient Akiko Mochizuki et Maki au moment de leur rencontre. Pourtant, jamais aucune de ces deux femmes ne lui avait offert un sourire comme celui de Megumi, la fille du club sadomaso. Personne ne m'a jamais montré un tel sourire, pensa Mukai qui attendait le moment où cesserait le bruit du sèche-cheveux.

— C'est vraiment très bon, ça, dit la fille appelée Megumi en avalant une bouchée de curry aux crevettes.

— Tu ne travailles que dans ce club sadomaso ? Mukai but une gorgée de bière.

— Maintenant, oui.

— Avant, tu avais un autre job dans la journée ?

— Oui.

— Ça te dérange, si je te pose ces questions ?

— Non, pas du tout.

— Moi, c'est la première fois que je parle avec une fille comme toi.

Le type du *room-service* avait pénétré dans la chambre pendant que Megumi était dans la salle de bains. Megumi portait la cuillère à sa bouche à intervalles très réguliers en regardant par la fenêtre le gratte-ciel du gouvernement de la municipalité de Tôkyô.

— Vous fréquentez d'autres clubs ?

— Surtout les clubs sadomasos.

— Ah oui...

— Tu m'as dit que ça faisait deux ans.

— Ce travail ? Oui, ça fait deux ans.

— C'est dans la moyenne ?

— Je ne sais pas. Il y a des filles qui arrêtent tout de suite, d'autres qui continuent même au-delà de la trentaine. Y a tous les cas.

— Tu bois de la bière ?

— Euh ! non merci.

— Tu ne bois pas ?

— Avant, j'aurais vidé la bouteille à moi toute seule.

Le vrai nom de Megumi était Junko Saito. Junko se souvient de l'époque où elle buvait chaque soir du whisky, du saké ou du gin. Elle venait de finir un cycle court universitaire. Autrement dit, elle venait d'avoir vingt ans quand elle avait commencé à boire. Elle pouvait s'enfiler une pleine bouteille de whisky, elle n'était jamais saoule. Ce n'était pas tant qu'elle supportait bien l'alcool, mais plutôt qu'elle ne parvenait jamais à perdre conscience.

— Wouah ! Une bouteille ! C'est incroyable.

— Oui, mais mauvais pour la santé, alors j'ai arrêté.

— Tu étais une sacrée buveuse !

— Oui, on peut voir ça comme ça.

Junko pensa qu'il n'y avait aucune raison qu'elle raconte tous ces détails à cet homme. On pouvait dire, en effet, qu'elle avait été une sacrée buveuse. « Si je racontais à cet homme ce qui s'est réellement passé à cette époque, il ne comprendrait pas. Personne, jusqu'à présent, n'a jamais rien compris. Il n'y a pas de raison qu'on comprenne mieux maintenant. » Se comprendre, s'entendre, compréhension mutuelle, Junko ne croit pas en ces mots.

— Mais dis-moi, tu m'en as parlé avant qu'on commence, cette femme un peu bizarre…

— Ah, la femme qui lit dans les câbles électriques et les fils téléphoniques.

— Oui, c'est ça.

— En fait, j'arrive toujours pas à le croire.

— C'était quel genre de femme ?

J'aurais pas dû lui en parler, se dit Junko. Cette femme, elle existe réellement. C'est une histoire qui remonte à six mois au moins. Si c'est un type qui bosse pour une télé ou un magazine, ça risque de devenir emmerdant. La patronne a formellement interdit de parler des autres clients, de dire par exemple le nom des célébrités qui fréquentent le club. Si on se laisse aller, ça finit dans les hebdos avec les initiales du type. Et puis, les journalistes, ça fait fuir les clients.

Maintenant qu'elle commençait à plaire au club, ça serait dommage de se faire virer. Le club sadomaso n'était pas seulement un moyen de gagner sa vie, ce travail la soutenait aussi psychologiquement.

— Tout à fait ordinaire à première vue.

— Ordinaire ?

Junko décida de parler franchement.

— Euh…

— Ouais, quoi ?

— C'est que c'est interdit de parler des autres clients.

Quand elle eut achevé sa phrase, elle sentit instinctivement que l'homme avait pâli. Les clients sadomasos, ils sont tous comme ça : étrangement doux, puis, brutalement, ils explosent. Elle n'est encore jamais tombée sur ce genre de client, mais elle en a entendu parler par la patronne et les autres filles. On parle de tout et de rien, mais il suffit de contredire le client pour se faire cogner. Le type commence à plaisanter sur ses propres défauts physiques et si on a le malheur de rire avec lui, il disjoncte. Il t'attrape par les cheveux et t'envoie valdinguer. Ça n'a rien à voir avec ce qui se passe pendant la séance. Un regard de trop et on se fait massacrer à coups de pied. Y en a de toutes sortes, mais leur point commun, à ces types, c'est qu'ils explosent tout d'un coup.

— Ah ouais, évidemment. Bon, ben, excuse-moi, dit l'homme qui s'efforçait de réprimer sa colère. Fais pas confiance à ce type, se dit Junko. La colère n'était pas un sentiment qui pouvait être réprimé aussi rapidement. Junko le savait bien. Le danger était proportionnel à l'intensité de la colère. Et puis, si ce type bossait dans les médias et se mettait à faire un article, qui sait ce qui se passerait après.

— Mais t'as pourtant bien accepté de manger un curry, dit cet homme dépourvu de charme qui parut soulagé en remettant les habits qu'il se forçait à porter lors de ses « distractions ».

— En vrai, je ne m'en souviens pas très bien.

— Ah ouais ? Je peux peut-être quand même te demander dans quel hôtel ça se passait ?

— Au *New Otani.*

— Le *New Otani*. Et y a pas non plus de raison pour que tu te souviennes de son nom, hein ?

— Je ne le lui ai pas demandé.

— Son âge ?

— Le même que le mien environ.

— Si jeune ?

— Je ne suis plus si jeune, j'ai déjà vingt-cinq ans.

— Ah ouais ! Mais moi, une femme douée d'un tel pouvoir, je l'imaginais plus âgée.

— Oui, probablement.

Junko allait quitter la chambre, l'homme lui donna dix mille yens en plus du tarif convenu et lui tendit sa carte de visite.

— Allez, s'il te plaît. T'auras droit à une récompense.

— D'accord, dit Junko en quittant la pièce. Elle traversa le hall de l'hôtel. « Je rentre tout de suite », prévint-elle en passant un coup de fil dans le taxi avec son portable. Puis elle déchira la carte de visite sans la lire.

III

YUKARI

— Il fait chaud aujourd'hui, hein ?

Le chauffeur de taxi engagea la conversation tout en abaissant sa vitre d'environ cinq centimètres. Junko ne trouvait pas qu'il faisait spécialement chaud. Le chauffeur devait avoir entre vingt-cinq et trente ans. Il mastiquait un chewing-gum. Lorsque Junko lui demanda si elle pouvait fumer, le regard étonné qu'il lui jeta dans le rétroviseur semblait vouloir dire : Pour une pute, elle est plutôt polie.

Fait chier ce mec ! Il est pas obligé de m'adresser la parole, pensa Junko. Ce genre de conversation : s'il fait chaud, s'il fait froid. J'en sais rien, moi. Junko ne sait jamais s'il fait chaud ou s'il fait froid. Car Junko ne transpire pas, même lorsqu'il fait très chaud. En revanche, et peu importe la température, il lui arrive soudain de se mettre à transpirer dans des situations curieuses. En général, cela se produit lorsqu'une personne qu'elle ne connaît pas lui adresse brusquement la parole, dans la rue ou dans un restaurant. Là, elle se met à transpirer abondamment, à suer des aisselles, ça ruisselle dans son dos et elle ne sait plus du tout qui elle est.

« Euh… ah… eh », elle n'est plus capable de produire autre chose que ce genre de réponses insignifiantes. Le chauffeur semblait un peu déçu et le ton de sa voix se fit soudain plus grave.

— Oui, il fait anormalement chaud ce soir pour un mois de novembre, ajouta-t-il d'une voix infiniment basse avant de se taire.

Junko pensa que la conversation allait en rester là.

Le taxi remontait la rue où se trouvait le club pour lequel elle travaillait, près des bureaux du ministère de la Défense, à Roppongi. Le chauffeur était jeune mais il connaissait bien la ville, et pas seulement les artères principales. Il empruntait aussi les petites rues. Junko n'aimait pas tellement les petites rues qu'elle ne connaissait pas. Cette rue étroite qui coupait de Yoyogi en direction de Sendagaya était envahie de secrétaires, d'étudiants ou d'employés de bureau saouls. Des types hurlaient au milieu de la chaussée. D'autres surgissaient soudain, en titubant entre les voitures. « Ah les cons ! » dit le chauffeur, en faisant claquer sa langue comme il les évitait. « Ecrase-les donc », marmonna Junko.

Le bureau du club sadomaso se trouvait au deuxième étage d'un immeuble situé derrière le ministère de la Défense. C'était un bâtiment discret qui abritait dans des locaux particulièrement étriqués une société spécialisée dans les logiciels de jeux, une autre dans la reproduction de peintures occidentales mineures, une boîte de production musicale et un atelier de design.

Junko sonna avant d'entrer. Elle trouva Yukari occupée à mâcher un *onigiri*[1] et des pickles qu'elle avait achetés au Lawson du coin. Yukari avait dix-neuf ans et cela faisait déjà deux mois qu'elle travaillait ici. Paraît-il qu'avant d'entrer dans ce club, elle était employée dans un salon de coiffure. Entre elles, les filles des clubs ne parlaient pas trop. Quand un client appelait deux filles, il leur arrivait parfois de bavarder de tout et de rien dans le taxi, mais avec la crise, les clients capables de se payer deux ou trois filles ne couraient plus les rues.

— Bienvenue au club ! déclara Yukari la bouche pleine. Le bureau était une petite pièce de six tatamis. La pièce était meublée d'une console où était posé le téléphone, d'un *kotatsu*[2] électrique qui servait de table, et d'instruments divers utilisés pendant les séances sadomasos : des chaussures vernies à talons hauts, des panoplies de vêtements en skaï, etc. On n'avait pas encore installé la couverture du *kotatsu*. Yukari s'était déjà changée. Elle avait posé les *onigiri*, les pickles et une canette de thé sur le *kotatsu*. Le téléviseur était allumé et elle lisait *JJ*, un magazine.

— Et la patronne ?

---

1. Boulette de riz salé, enveloppée dans une algue séchée.

2. Table basse recouverte d'une couverture et chauffée par en dessous par une résistance électrique.

— Elle avait un truc à faire, elle est rentrée chez elle.

Agée d'un peu plus de quarante ans, celle qu'on appelait la patronne était la gérante du club, elle avait été autrefois employée par une société de commerce et son travail consistait alors à acheter de la farine ou de la viande de mouton en Nouvelle-Zélande ou en Australie. Mais elle aimait les jeux sadomasos, elle avait divorcé dans la trentaine et ouvert ce club. Junko ne savait pas combien il pouvait lui rapporter, la patronne ne portait pas de vêtements particulièrement coûteux et ne roulait pas non plus en Benz.

La patronne était rentrée chez elle. Ça signifiait que, pour ce soir, c'était fini. Le répondeur était branché, le message enregistré annonçait : « Vous pourrez nous contacter demain, à partir de treize heures. » Junko regarda sa montre, il était vingt-trois heures quarante.

— Quand j'ai appelé de l'hôtel, elle ne m'a pas dit qu'elle rentrerait tôt, dit-elle à Yukari.

— La patronne ?

— Oui.

— Ça s'est décidé vite, elle a reçu un coup de téléphone. « Tu gardes l'argent et tu dis aux autres filles que je rentre, t'as compris ? » qu'elle a dit.

Le client S. lui avait donné trente mille yens pour une heure, le client M. vingt mille et le montant de la course en taxi, aller-retour. Avec les soixante mille yens de la séance avec cet homme sans charme et les dix mille du taxi, ça faisait un total de soixante-dix mille yens. Le club prenait quarante pour cent, le reste était pour la fille.

— Dis-moi.

Yukari venait de parler.

— Quoi ?

Junko pensa que c'était la première fois qu'elle se retrouvait seule à bavarder avec cette Yukari. Sept filles travaillaient pour la boîte, quatre à plein temps. Les trois autres étaient soit encore lycéennes ou étudiantes, soit avaient un autre boulot dans la journée et ne travaillaient que deux ou trois jours par semaine pour le club. Yukari, elle, travaillait à plein temps.

— Il reste un *onigiri*, si ça te dit.

Yukari portait un pull-over à col roulé en velvet très moulant et un pantalon de velours côtelé. Elle avait les cheveux courts, son regard et son corps étaient tout à fait quelconques, mais elle avait une très jolie peau.

— Merci, mais je viens de manger un curry, dit Junko en regardant les joues blanches, lisses et sans taches de Yukari. Junko ne connaissait pas son vrai nom.

— Un curry ? demanda Yukari en buvant une gorgée de thé.

— Oui, un curry.

A la télévision, c'était l'heure des informations. Le volume du poste était un peu trop fort. « Tu peux couper ? » demanda Yukari. Junko éteignit avec la télécommande. Elle trouva bizarre qu'elle lui demande d'utiliser la télécommande alors qu'elle aurait pu toucher l'écran en tendant simplement le bras. Junko éteignit malgré tout la télévision. Elle eut l'impression que le visage du présentateur qu'on voyait souvent sur la chaîne 6, ou dans les magazines, avait été comme avalé par le poste. Junko aimait fixer l'écran quand l'image disparaissait.

— Il y a un restaurant de curry dans le coin ?

Junko se demanda un long moment si elle devait tout lui raconter, mais elle finit par dire : « Un client s'en est fait monter par le *room-service.* » Elle ne pouvait s'empêcher de se torturer l'esprit pour savoir si elle devait ou non dire ce qu'elle pensait à son interlocuteur. Cela avait commencé au lycée, puis ça s'était développé pendant son cycle universitaire et dans la société d'alimentation où elle avait travaillé avant de commencer au club. Raconter la fatiguait. Lorsqu'elle avait été témoin d'un événement mineur, en rentrant de l'école ou du travail, par exemple : une vieille dame qui tombait de vélo pour avoir voulu éviter un enfant, un type qui avait heurté le bras de son voisin en faisant mine de pratiquer son swing au golf, une vieille dame qu'elle avait surprise en train de dérober un des pots de pois de senteur qui décoraient le quai de la gare, un type qui, en décapsulant une bouteille de lait qu'il venait d'acheter au kiosque, en avait renversé le contenu sur le magazine qu'il était en train de lire... Bref, ce genre d'événements tout à fait insignifiants, dès qu'elle commençait à se demander si elle devait ou non les raconter à ses amis ou à ses collègues de bureau, elle ne savait plus quoi faire. Elle se demandait si elle n'était pas un peu folle de se torturer ainsi l'esprit, mais parler avec les autres lui devenait de plus en plus pénible. Elle finissait même par le redouter. C'était à cette époque qu'elle avait commencé à boire, régulièrement, chaque soir, une bouteille de whisky bon marché, de gin ou de brandy.

Quand elle avait débuté dans ce club sadomaso, ce trait de caractère s'était un peu estompé. Cela dépendait bien sûr de ses interlocuteurs, mais elle réussissait à parler sans trop se torturer. Surtout avec les personnes envers lesquelles elle souhaitait garder une certaine distance. Avec Yukari, elle avait l'impression qu'elle pourrait parler naturellement, même si elle ne savait pas sur quoi se fondait cette impression. Que la personne soit plutôt sympathique, etc., n'était pas un critère suffisant. Premièrement, les personnes plutôt sympathiques, il y en avait des milliers sur terre et il y avait toujours un moment où ces personnes plutôt sympathiques n'étaient plus du tout sympathiques. Junko l'avait appris très tôt, par expérience. Elle ne faisait jamais confiance aux personnes plutôt sympathiques.

Elle se demanda si elle devait ou non raconter à Yukari l'épisode du curry à cause du ton de voix particulièrement sec qu'elle avait eu en lui proposant l'*onigiri* restant. « Il reste un *onigiri*, si ça te dit ? » avait dit Yukari sans relever la tête de son *JJ*. Cela rassurait Junko que ce genre de personne ne soit pas, au premier abord, particulièrement sympathique.

— Ça existe, ce genre de client ? demanda Yukari en refermant *JJ*. Alors, tu t'es envoyé un curry dans la seconde demi-heure, en regardant les lumières de la ville par les fenêtres du *Keio Plaza*, c'est ça ?

— Oui.

— Moi, je n'ai jamais eu affaire à ce genre de client. Je tombe toujours sur des cinglés.

La voix de Yukari s'était faite plus douce, mais il émanait de sa personne une impression générale de froideur. Junko pensa que cette fille de dix-neuf ans appelée Yukari devait dire « je t'aime » à tous les types qu'elle rencontrait.

— Les vrais sadomasos, il y en a vraiment très peu, tu ne trouves pas ?

— Hum, sans doute oui.

— Tu sais, Megumi... Moi, les sadomasos, comment dire ? Je les voudrais plus pervers.

— Ah oui.

— Je tombe que sur des clients qui veulent voir ma chatte. Ils y plantent un vibromasseur et je dois les finir en les suçant. Ça, c'est simplement de la baise.

— Oui, sans doute. On peut voir ça comme ça.

— J'ai une collègue qui fait la dominante…

— Ah oui.

— Ça a commencé à lui plaire quand elle était au lycée.

— Oui.

— Elle est super classe.

— Ah bon.

— Elle se fait appeler Eve et elle a un petit ami qui joue dans un groupe. C'est lui qui m'a raconté ça. Eh bien, les masos, quand on leur verse de la cire fondue sur le dos par exemple, tu vois, hein ? Quand on va verser de la cire sur le dos ou sur différentes parties du corps d'un homme ligoté, si on observe l'expression du type tout en faisant mine d'ajuster le point où la cire va tomber, hein, quand la cire tombe, elle dit qu'il y a un moment où l'expression du type change. Comment dire ? Le type, il s'attend à souffrir, mais au même instant, son expression, elle se transforme, tu vois, comme celle d'un type qui jouirait en dormant. Eh bien, à cet instant… hein… Je n'ai pas très bien compris parce que c'est difficile à exprimer, mais elle dit qu'il y a un truc qui passe entre eux, entre elle et le type. C'est dur à saisir, hein ? Eh bien, c'est mieux que la baise, qu'elle dit : c'est super. Quand j'ai entendu ça, j'ai trouvé ça génial.

— Et c'est comme ça qu'elle a commencé dans le sadomaso.

— M'ouais, pas exactement comme ça.

— Pas exactement comme ça ?

— Si t'as jamais eu le rôle du maso, on te laisse pas faire le rôle de la dominante.

— Ça te dirait à toi, le rôle de la dominante ?

— Bien sûr ! Toi, non ?

— Moi ?

— Pas toi ?

— Je l'ai fait plusieurs fois.

— Et t'aimes pas ?

— C'est pas que je déteste…

— Alors pourquoi tu le fais pas ?

— Ça m'ennuie.

Ça, c'est sûr ! Rien qu'à te regarder, on comprend tout de suite qu'il n'y a pas de raison que tu fasses la dominante, pensa Yukari : la tête plutôt étroite, maigrichonne, plutôt sombre et, d'une manière générale, pas un brin de personnalité. Et puis, elle a une manière de s'habiller… Elle n'a jamais dû lire un magazine féminin de sa vie. Il n'y a sans doute personne d'autre dans tout le quartier de Minato pour oser porter un ensemble d'un rose aussi fadasse.

— Ça te faisait chier ?

— Oui.

— T'aimes pas cogner sur un mec ? Moi, j'ai pas arrêté de me faire massacrer.

— Exactement. Un jour, j'ai compris que ça m'ennuyait. Alors c'est sans doute plus la peine.

Yukari se demanda quel genre de type pouvait bien avoir envie de proposer un curry aux crevettes à une fille aussi terne. « Si c'était moi, je n'aurais même pas eu envie de lui payer un bol de nouilles instantanées. » Elle lui avait proposé un *onigiri* parce qu'elle avait envie de la regarder le manger. C'était un truc qu'avait raconté la patronne, elle ne savait plus trop quand. « Il y a une fille, hein, elle avait été élevée par une mère assez sadique. En fait, c'était même pas sa vraie mère, et depuis toute petite, elle avait été battue avec différents trucs. Et y en a des tas de gens comme ça. Frapper avec un objet, c'est dingue, non ? Pire qu'avec la main, frapper avec un objet, le récepteur du téléphone, une canne en bambou, une règle, des sandales de plage, une bouteille en plastique, par exemple. Je ne sais pas pourquoi, mais sa mère, elle la frappait jusqu'à lui laisser des hématomes sur le corps, parfois elle cognait même jusqu'au sang. Puis, elle éclatait en sanglots et commençait à s'excuser. "Pardon, pardon, pardon." Ça manquait jamais de se produire. Elle l'avait massacrée et puis : "Pardon, pardon, pardon." Elle l'avait battue jusqu'au sang, la fille avait le visage tuméfié, mais la maman : "Je t'ai frappée parce que t'es si mignonne, tu sais", sanglotait-elle en la prenant dans ses bras. Et puis, après la scène, comme si ça avait été convenu, elles mangeaient toutes les deux un *onigiri*. Les *onigiri*, on les fait comme ça, hein, dans le creux de la main, et on dit que toute la tendresse des sentiments passe de la paume de la main à l'*onigiri*. Eh bien, toutes les deux, en pleurant, elles mangeaient un *onigiri*. » La patronne n'avait pas dit que Megumi était cette fille qui avait été maltraitée. C'était juste un truc qui était arrivé à une fille qu'elle avait rencontrée. Mais Yukari était persuadée qu'il s'agissait de Megumi.

C'est pour cette raison qu'elle aurait voulu voir si, en mangeant son *onigiri*, elle allait se mettre à pleurer, et même si elle ne s'était pas mise à pleurer, si son expression aurait changé.

— Bon, ben, je rentre. Le bureau, ça va, je te laisse faire ?

— Oui, ça va. Ce soir, je dors ici. Après, il n'y a plus que Lisa qui doit rentrer.

— Tu dors ici ?

— Ben ouais, y a plus de trains.

— Pour où ?

— Après Chiba.

— Bon, alors je te laisse.

Yukari observa cette fille maigre comme elle quittait le bureau après avoir vérifié le contenu de son sac à main et s'être repassé un peu de rouge à lèvres. Elle ralluma ensuite le téléviseur. Elle chercha en vain un film sur une chaîne, et finit par décider d'écouter les informations sur Tôkyô Metropolitan TV. Elle monta un peu le son.

Qu'est-ce qu'y fout ce mec ? marmonna-t-elle entre ses dents en vérifiant que son portable était bien branché. Il avait pourtant dit qu'il m'appelait ce soir et il a même pas laissé de message sur le répondeur. Et en plus, c'était un réalisateur de télé. Il avait promis de me faire venir sur le plateau d'un *wilde show*[1] et je lui ai fait une pipe sans capote. Je me suis même laissé sauter et il tient pas ses promesses.

Il s'est foutu de moi ! Et merde, il ne m'a même pas laissé sa carte de visite. Il n'a pas dit pour quelle

1. Emission de télévision consacrée aux scandales ou aux affaires de mœurs.

chaîne il travaillait. Et moi, je lui ai donné mon numéro de portable parce qu'il avait promis de m'emmener dans un bar de Nishi-Azabu où on passe de la musique des années soixante. Il m'a baisée par-devant, il m'a enculée et il s'est foutu de ma gueule. Il m'a introduit un Pink Rotor dans l'anus en disant que les vibrations qui traversent quand on baise par-devant, ça le faisait encore bander plus raide.

Yukari pensa qu'il n'était qu'à peine minuit et demie. Il avait dit qu'il appellerait vers minuit. Il n'allait sans doute pas tarder. Elle vérifia une nouvelle fois que son portable était bien branché.

IV

TAKAYAMA

Yukari avait lu la moitié de *JJ* quand son portable sonna. « Allô ? » Ça n'avait pas l'air d'être la voix du type qui disait être réalisateur sur une chaîne de télé. Tout à l'heure, alors qu'elle était seule, elle avait laissé un message sur une messagerie spécialisée disant qu'elle était libre. C'était peut-être un type qui appelait pour ça. Mais ça pouvait tout aussi bien être le type de la télé. Yukari ne se souvenait plus très bien de sa voix.

— Allô ?

— Allô ! Yukari ?

— Oui.

— Je suis Takayama.

— Takayama ?

— Oui, Taka comme haut et bas, Yama comme *mountain.* Ta-ka-ya-ma.

Yukari ne se souvenait pas d'avoir entendu ce nom. Elle avait l'impression – sans en être certaine – que le type qui disait travailler pour la télé s'était inscrit à l'hôtel sous un autre nom. Il pouvait avoir donné un faux nom à l'hôtel et son vrai nom pouvait tout à fait être Takayama. Si

Takayama était bien le type de l'hôtel, ça la foutrait mal de dire « Vous êtes le type de la messagerie ? » pensa Yukari. Il était pas mal et portait un costume agréable au toucher. Sa montre, c'était une Rolex et pour la baise, il était plutôt doué. Elle avait envie de le revoir et ne voulait pas qu'il pense qu'elle était une fille qui utilisait fréquemment les services des messageries spécialisées.

— Ah ! Tout à l'heure…

— Comment ?

— Vous êtes la personne que j'ai vue tout à l'heure ?

— Qu'est-ce que tu racontes ? Je suis Takayama.

— Monsieur Takayama.

— Holà ! T'es bizarre. Tu es bien Yukari ?

— Oui.

— Sans blague, tu me reconnais pas ? Je suis Takayama.

Il appelait d'un endroit bruyant, on entendait de la musique derrière lui. Ce type, c'est le mec de la télé, pensa Yukari. Elle ne se rappelait plus le titre de la chanson mais ça devait être un tube des années soixante. Il tenait ses promesses, il téléphonait. Il devait sans doute y avoir ses amis pas loin et il ne voulait pas parler de la séance de ce soir.

— Ça y est, j'y suis, je vous demande pardon.

— Ah enfin ! Ça y est ! Tu me remets. Et dire que je te téléphone comme promis…

— Excusez-moi.

Yukari pensa qu'il devait être en colère. Elle n'avait pas envie qu'il raccroche comme ça sous l'effet de la colère, elle devait absolument lui dire quelque chose qui lui fasse plaisir, sinon il ne lui proposerait pas de sortir avec lui. Et pas seulement de l'emmener dans le bar qui passait de la musique des années soixante, mais aussi dans ce restaurant italien qu'il disait connaître et qui restait ouvert tard. Il y avait longtemps qu'elle avait envie de manger de la bonne cuisine italienne. Elle n'en avait encore jamais mangé, même après avoir abandonné le lycée à Saitama et être montée « s'amuser » à Tôkyô. Cela faisait déjà deux ans.

— La séance d'aujourd'hui... Eh bien, ça m'a vraiment beaucoup plu.

— Hein ?

Elle pensa qu'elle devait absolument lui dire au téléphone qu'elle était prête à tout : se laisser enculer, sauter, des pipes sans préservatif, pour qu'il accepte de sortir avec elle et de la faire travailler sur le plateau des *wilde shows*, ou même dans d'autres programmes, par exemple la fille qui tient les fiches où sont inscrites les questions dans les émissions de jeux.

— Non vraiment, c'était bon. Normalement, je ne fais jamais ce genre de chose.

— Ah bon.

— Oui, il n'y a pas de raison, n'est-ce pas ?

Elle n'avait pas envie qu'il s'imagine qu'elle se laissait enculer ou qu'elle faisait des pipes sans préservatif à n'importe qui. Yukari commençait à éprouver un réel plaisir à cette forme de sexualité. Ce n'est pas qu'elle aimait particulièrement le sadomasochisme, mais comme le disait sa camarade de classe de lycée qui faisait la dominante : « On rencontre toutes sortes de gens, beaucoup d'artistes » et un type qui travaille à la télé pouvait bien entrer dans la catégorie artiste, pensa Yukari qui ne savait pas exactement ce que recouvrait le terme d'artiste. Elle n'y avait même jamais réfléchi. Il y a trois ans, elle avait été prise en train de snifer du Toluène, et avant, quand elle s'était fait gauler dans les magasins, elle avait été suivie par un éducateur. Ensuite, elle avait abandonné ses études. Elle avait quitté la maison familiale et trouvé refuge dans l'appartement d'un ami situé près de Kita-Itabashi. Un ami. C'était encore un bien grand mot. Il s'agissait en fait du petit ami du dealer d'un pote. Un type qu'elle avait dû rencontrer deux ou trois fois dans des fêtes. Il s'était laissé pousser les cheveux jusqu'à la taille et jouait de la basse dans un groupe de rock tout en travaillant pour le service de nettoyage des autoroutes. Il n'y avait pas de chauffage dans la pièce de cinq tatamis qu'il occupait, juste un futon, une radiocassette et une guitare basse. Yukari était obligé de coucher avec lui plusieurs fois par jour, c'était la condition qu'il avait posée pour accepter de l'héberger. Il avait les cheveux qui lui tombaient sans cesse sur le visage, si bien que Yukari ne connaissait pas son âge. Une fois, elle avait regardé son permis de conduire et d'après le permis, il avait plus de trente ans. Dès qu'il ouvrait la bouche, il employait le mot artiste au minimum une fois par minute et peu importait le sujet de la conversation. Il l'employait si souvent qu'au bout de deux mois et demi, Yukari ne savait plus exactement quel sens il pouvait avoir et bientôt elle avait complètement cessé de s'y intéresser.

— Ben oui, je ne vous connaissais pas. C'est interdit par le règlement de coucher avec le client.

— Ah oui.

— Maintenant je suis au bureau, alors parler de sexe, c'est un peu difficile.

— Au bureau ?

— Oui. Mais maintenant, tout le monde est parti…

Le père de Yukari s'était remarié dans la cinquantaine pour la troisième fois et c'est ainsi qu'il avait eu Yukari. Quand elle était née, il habitait dans un appartement de Higashi-Matsuyama et travaillait pour une société de gardiennage. La mère de Yukari était plus jeune que lui d'une trentaine d'années et travaillait dans une usine qui fabriquait des cristaux liquides pour des composants de caméras vidéo ou d'ordinateurs. Elle avait un handicap à la jambe droite et Yukari avait essayé un nombre incroyable de fois de se forcer à l'aimer, mais en vain. Sa mère était une personne qui ne disait jamais rien et elle ne résistait même pas si le père la frappait lorsqu'il avait bu. Elle se protégeait simplement le visage avec ses deux mains, sans rien dire. Elle était morte alors que Yukari venait d'entrer à l'école primaire. Yukari rencontrait parfois la fille que son père avait eue de son premier mariage. En seconde année d'école primaire, alors qu'elle se trouvait exceptionnellement seule à la maison, une femme avait débarqué à l'improviste. Elle devait avoir dans la quarantaine et elle était accompagnée. « C'est ta grande sœur, tu sais », avait-elle annoncé à Yukari qui avait cru d'abord rêver avant d'être saisie d'un profond sentiment de dégoût. « C'est ta grande sœur, tu sais. » Puis, cette bonne femme un peu grosse l'avait invitée dans un café situé devant la gare de Higashi-Matsuyama, elle lui avait payé un jus de melon frais. Elle avait dit alors quelque chose comme : « T'es pas très mignonne, mais tu as une très belle peau. Je crois que t'arriveras à te débrouiller avec les hommes. »

Cette femme – « C'est ta grande sœur, tu sais » –, Yukari ne l'avait rencontrée que cette seule et unique fois et ne s'en souvenait plus vraiment. Mais elle lui avait dit quelque chose comme : « Si tu refuses de coucher avec les hommes, tu ne trouveras personne pour t'aimer. » C'est du moins ainsi que Yukari avait interprété ses paroles. Elle avait habité jusqu'à présent avec sept hommes rencontrés par hasard, dans la rue. Elle n'avait encore jamais rencontré d'homme qui accepte de l'héberger pour autre chose que pour son cul. Elle vivait maintenant avec l'assistant d'un photographe, dans une maison située dans la péninsule de Bôsô, dans la préfecture de Chiba. Lui aussi faisait de la photo, l'océan, le sable, les nuages, des photos de nature. Il lui arrivait aussi de faire des photos de Yukari, plus exactement de bouts de Yukari. S'il rentrait tard après une engueulade avec le photographe, il commençait par se saouler avec du mauvais saké, puis il la ligotait et prenait en gros plan des parties du corps de Yukari : les aisselles, les mamelons, sa chatte, des bouts d'orteils. On ne reconnaissait pas un corps humain sur ces photos et elles ressemblaient étrangement aux images de l'océan, de plages ou de nuages qu'il avait l'habitude de faire.

— Vous êtes où en ce moment ?

— Dans un bar, un bar pour adultes.

En entendant cela, Yukari fut persuadée qu'il était dans ce bar de Nishi-Azabu. Elle se sentit rassurée. C'était bien le bar où l'on pouvait écouter des tubes des années soixante et c'était bien l'homme qui travaillait à la télé. Elle pensa qu'elle devait absolument lui dire qu'elle était prête à lui faire les trucs les plus extravagants.

— J'ai vraiment apprécié notre petite séance aujourd'hui. J'aime ça, vous savez.

— Ah ! Tu aimes ça ?

— Oui, j'aime ça. Mais vous devez savoir que je ne fais pas ce genre de truc avec n'importe qui.

— Ce genre de truc ?

— Oui. Vous avez déjà oublié ?

— J'ai pas oublié, mais y a eu plein de trucs. Y a pas eu plein de trucs ?

— Mais siiiii, plein de trucs.

Yukari eut un éclat de rire strident. Et avec ce rire, elle se remémora clairement tous les détails de la séance. Elle sentit son entrejambe envahi par quelque chose de chaud. Elle comprit qu'elle commençait à mouiller. Elle eut l'impression qu'elle n'avait jamais eu autant envie de baiser depuis sa naissance. Il y avait des moments où elle avait envie d'un homme à en devenir folle, et cette envie, c'était le désir d'une bite gonflée, d'un animal appelé homme ou bien des deux à la fois, une bite et un homme. Ou peut-être encore quelque chose d'autre. Elle ne savait pas vraiment. Quand elle était à l'école maternelle, son père était déjà un homme âgé. Et elle ne gardait pas le souvenir qu'il lui ait jamais caressé la tête ou qu'il l'ait prise dans ses bras. Quand elle y réfléchissait à présent, elle se disait que ce n'était pas de la froideur de sa part, mais plutôt qu'il avait perdu confiance, sa confiance d'homme. D'après la mère de sa demi-sœur qui était venue lui rendre visite à la maison, son père avait été longtemps fonctionnaire de police. Ensuite, quand Yukari était entrée à l'école maternelle, à l'époque où il venait de prendre sa retraite d'une société de gardiennage, il avait travaillé sur un poste de péage d'autoroute. Yukari s'était rendue plusieurs fois sur le lieu de travail de son père et l'avait regardé travailler. Sa mère l'y emmenait au milieu de la nuit lui porter sa gamelle. Son lieu de travail était aussi étriqué qu'une boîte et son père, qui devait répéter des gestes monotones, lui faisait penser à un insecte géant qui aurait pris forme humaine. Ce père déjà vieux l'avait sévèrement punie lorsqu'elle avait été arrêtée pour vol, mais par la suite, comme cela s'était reproduit plusieurs fois, il avait fini par ne plus rien dire du tout. Au cours de l'été de sa troisième année de collège, puis lors de sa première année de lycée, elle s'était fait avorter et son père avait dit que ce devait être elle qui provoquait les hommes. « Comme ta mère », avait-il ajouté. A partir de ce moment-là, Yukari avait commencé à imaginer sa mère, avec son léger handicap à la jambe, proposant à des jeunes hommes de coucher avec elle. Yukari n'avait pas spécialement envie de coucher avec les hommes. Coucher avec un homme était un peu différent d'avoir envie d'un homme. Elle cherchait plutôt à vérifier s'il était bien exact que tous les hommes de la terre avaient envie de la baiser. Et pour Yukari, cela n'avait rien de triste. Ce n'était pas non plus un moyen de s'exciter. Yukari ne comprenait d'ailleurs pas ce concept de tristesse parce qu'elle avait toujours vécu dans une sorte d'indifférence.

— Ben oui, jusqu'à présent quand on m'enculait, je ne sentais pas grand-chose. Alors, j'ai vraiment été surprise. Le Pink Rotor, ça fait juste un tout petit peu mal.

— Ah bon ?

— Ben oui, il y a des filles dans ce club qui se laissent enfiler des vibromasseurs gros comme le bras d'un enfant. Ça leur ouvre le trou du cul, c'est incroyable. L'anus, on dirait une caverne. C'est assez comique, non ?

— Comme le bras d'un enfant ?

— Comment ?

— Tu viens pas de dire « comme le bras d'un enfant » ?

— Mais siiiii, il y a des vibromasseurs de cette taille.

— Non…
— Si.
— Un enfant de quel âge ?
— Oh, au moins l'âge de l'école primaire.

Son interlocuteur avait l'air mal à l'aise et Yukari s'inquiéta. Elle n'avait pas envie qu'il raccroche. Il fallait vite qu'elle lui dise qu'elle était prête à n'importe quoi.

— Moi, avant, ça me faisait trop mal quand on m'enculait. Mais aujourd'hui avec le Pink Rotor, y a plus de problème. C'est sans doute parce que vous me l'avez introduit très gentiment. J'ai envie de recommencer. Euh… Si je vous dis des trucs un peu comme ça, vous n'allez pas m'en vouloir, dites ?

— Non, pas du tout.

— Tant mieux. Alors, on pourrait recommencer, hein ? Vous me baiseriez après m'avoir enfilé le Pink Rotor par-derrière. C'est bon pour vous, vous avez dit, mais pour la fille aussi, c'est génial. La paroi entre le vagin et l'anus est très mince, alors, moi aussi, je ressens les vibrations du Pink Rotor. Et en plus, je ressens très fort les mouvements de votre bite, monsieur Takayama. J'ai vraiment envie de recommencer comme ça. C'est pour ça que j'attendais votre coup de téléphone.

Takayama se demandait vraiment ce que cette fille racontait.

Il était légèrement ivre et il avait simplement passé ce coup de fil pour s'amuser un peu. Elle devait le prendre pour un autre. La chatte, le Pink

Rotor… ce genre de conversations cochonnes, les putes, elles parlent toutes comme ça ?

— Vous êtes dans quel bar en ce moment ?

— Eh bien, un bar avec une ambiance de… de grandes personnes.

Takayama téléphonait depuis l'entrée d'un immeuble qui abritait plusieurs débits de boissons, dans l'avenue Aoyama. Il y avait beaucoup de monde. En fond sonore, un air de piano s'échappant d'un des snacks devait parvenir aux oreilles de la fille par le portable. Elle doit croire que je suis dans un bar, pensa-t-il. Et même si ce n'est pas pour cette raison, les gens sont ainsi faits qu'il suffit qu'on leur dise qu'on est dans un bar pour qu'ils le croient.

— J'entends de la musique.

— Oui.

— Je peux venir vous retrouver ?

— Euh, mais c'est que je suis avec des amis et qu'on s'apprêtait à partir.

— Ah bon ! Vous rentrez déjà ?

Takayama avait très envie de rencontrer cette fille. Cela faisait un bail qu'il n'avait pas eu de femmes. Depuis qu'il avait été muté dans cette nouvelle section, les filles de la boîte où il bossait ne l'approchaient plus à moins d'un mètre. Pourquoi m'ont-ils collé dans cette sous-section ? rumina-t-il. Il sentit aussi qu'il était très excité par ce que venait de dire cette fille étrange et inattendue. Arrête de penser au boulot, va. C'était ce qu'il avait décidé ce soir, mais il venait d'y repenser. Va plutôt avec cette fille un peu barge. Avec une fille comme ça, y a aucune chance que quelqu'un apprenne ce que tu auras fait avec elle.

— Bon, alors peux-tu te trouver dans une heure au bar que je vais t'indiquer ? C'est à Shibuya. C'est un bar normal. Je te donne le numéro de téléphone…

— J'arrive, déclara, satisfaite, la fille dont la voix vrilla dans les aigus avant de raccrocher. Takayama sifflotait. Il essaya d'imaginer l'allure de cette fille d'après la description qu'elle venait de lui faire. Il retourna ensuite au bureau récupérer le *stun gun*[1] qu'il avait laissé dans son casier.

1. Revolver d'alarme produisant une décharge électrique paralysante.

V

KOIDE

L'entreprise de Takayama se trouvait dans l'avenue Aoyama, en face d'un magasin célèbre de toilettage pour animaux domestiques. Il avait travaillé autrefois comme organisateur de petites animations pour le compte d'associations de quartier ou de rues commerçantes. Il s'était aussi occupé de la production de vidéoclips pour le karaoké et de l'édition de brochures publicitaires. Mais après l'éclatement de la bulle spéculative, l'activité économique avait diminué brutalement. A Tôkyô et en banlieue, ce genre d'animations qu'on appelait *events* et qui, concrètement, consistaient à organiser des concerts de musique de chambre où se produisaient des artistes de troisième ordre, des cocktails douteux ou des fêtes célébrant l'arrivée du beaujolais nouveau, des forums de discussion avec savants, hommes de lettres ou vedettes du petit écran, des expositions-ventes de pierres précieuses, estampes, céramiques ou, parfois encore, d'art kinésique et d'images en 3D, des shows multimédias, bref, ce genre de manifestations s'était fait de plus en plus rare. Les clips pour le karaoké n'étaient plus enregistrés sur vidéo, mais directement diffusés par un système de transmission par satellite, et si une bonne moitié des entreprises produisant des brochures publicitaires avait dû mettre la clé sous la porte, celles qui avaient survécu avaient été obligées de réduire sensiblement leurs activités. Les sociétés qui employaient plus de cent personnes s'étaient retrouvées quasiment à court de travail.

Takayama, qui était diplômé d'une université privée d'arts plastiques, avait travaillé pendant trois ans pour plusieurs petites sociétés de design, avant d'être recruté par cette société alors qu'il s'occupait déjà de l'organisation d'*events*. A l'université, s'il avait choisi l'art byzantin et le design industriel, il s'était surtout contenté d'accumuler des unités de valeurs sans rien apprendre, trop occupé à dépenser l'argent de ses parents pour s'amuser.

Takayama était le second fils d'une famille assez aisée qui avait fait fortune en créant une chaîne de pressings dans une ville de province de cent mille habitants. Son père était un hyper-tendu et il avait été élevé par une mère hystérique et frivole. Il ne s'entendait pas avec son frère aîné, de quatre ans plus âgé. Ce dernier, qui ressemblait à son père, était un garçon très sûr de lui qui, depuis toujours, se défoulait sur lui en le frappant. Si le père se rangeait toujours du côté de l'aîné, la mère prenait systématiquement le parti de Takayama. Cette mère était une femme plutôt cultivée qui l'obligeait à contempler des reproductions de tableaux de Van Gogh et à écouter des symphonies de Brahms. Elle ne cessait de lui répéter des choses comme : « Toi, tu n'es pas comme ton père et ton frère. Quand tu seras grand, tu peindras de beaux tableaux, tu composeras de la belle musique, tu écriras de la belle poésie. » Takayama était convaincu que ses parents auraient divorcé s'ils n'avaient pas vécu dans ce trou perdu sur les bords de la mer du Japon. S'il ne savait pas trop ce que son père pensait de sa mère, il était certain que sa mère détestait intrinsèquement son père, qu'il n'était rien pour elle. Quand son frère se rebellait contre sa mère, c'était Takayama qu'il visait. Celle-ci ne l'en idolâtrait que plus.

En seconde année de collège, Takayama, qui ressemblait pourtant à sa mère, grandit plus vite que son frère et un jour, pour la première fois, ce fut lui qui eut le dessus. Il n'avait jamais réussi à s'habituer à ces bagarres, n'en connaissait pas les limites, mais ce jour-là il lui brisa le nez et lui creva un œil. Le visage ensanglanté de son frère et la réaction de ses parents plongèrent Takayama dans la plus grande confusion. Son père le frappa en hurlant et sa mère, hystérique, prit son parti contre son père. « Cet enfant a toujours été votre souffre-douleur », hurlait-elle au père et à l'aîné. Takayama avait toujours eu des sentiments mêlés pour son frère. Il ne le détestait pas vraiment. Il avait fini par s'habituer. Il le haïssait. Il aurait aimé réussir à s'entendre avec lui, mais il pensait aussi qu'il le cognerait à mort lorsqu'il serait grand. Depuis ce jour, son frère avait adopté à son égard une attitude servile. Son père ne lui pardonnait pas. Sa mère l'idolâtrait encore plus.

Takayama ne se rendit pas compte de ce que représentait le fait d'avoir massacré le visage de son frère. Il pensait que son heure de gloire était arrivée, mais aussi qu'il venait de faire une chose qu'on ne pourrait jamais plus effacer, et il commença à souffrir car il ne réussissait pas à assumer complètement son acte.

— Eh bien ! Qu'est-ce que tu fais à cette heure ? Tu viens faire des heures sup avec une haleine qui pue l'alcool ?

Après avoir salué le gardien à l'entrée, Takayama était monté au bureau, et y avait trouvé son collègue Moriguchi le nez vissé à l'écran de son ordinateur.

— J'ai oublié un truc.

— Oublié un truc, pff ! gloussa Moriguchi en entendant ce que Takayama venait de répondre. Au moment de la bulle spéculative, Takayama organisait de nombreuses manifestations. Il se contentait en fait de copier ce que tout le monde faisait et c'est ainsi qu'il réussissait. Mais quand cette époque avait pris fin, Moriguchi avait passé des contrats avec des maisons de production en Hongrie et en Tchécoslovaquie pour la commercialisation de CD vendus mille yens. C'était ce qui avait sauvé la boîte. Takayama avait été muté dans une prétendue nouvelle sous-division avec une bonne dizaine d'autres employés. C'était une division où, quoi qu'on fasse, on n'arrivait jamais à décrocher le moindre contrat. « On vous met au placard afin que vous compreniez mieux ce qu'on pense de vous dans la boîte et que vous démissionniez au plus vite. » Voilà ce qu'on avait voulu leur faire comprendre. Tous ses collègues avaient fini par craquer au bout de six mois. Takayama, lui, restait. Ce n'était pas pour lui un moyen de se venger de sa société. En fait, il lui était pénible de chercher une autre boîte et de commencer un nouveau travail. Il n'avait jamais eu la force de croire que la vie pourrait lui offrir de nouvelles perspectives.

— Oublié un truc, pff ! avait dit Moriguchi qui continuait à taper sur le clavier de son ordinateur, ignorant complètement Takayama, comme s'il s'était trouvé seul dans le bureau. L'attitude de Moriguchi qui sifflotait tout en continuant à travailler énerva profondément Takayama. Cette manière de dire : « Oublié un truc, pff ! » semblait sous-entendre : « C'est toi, Takayama, qui as été oublié ! Dans ce bureau, t'es bien le seul qui ait été oublié. » Il eut envie de lui défoncer la gueule. Depuis qu'il avait brisé le nez de son frère, depuis qu'il lui avait crevé un œil, il sentait naître en lui une impulsion lui intimant de cogner au visage le premier venu dès que sa colère dépassait un certain degré. Il avait eu plusieurs fois l'occasion de se défouler depuis qu'il était installé à Tôkyô. Cogner non pas sur l'objet de sa colère, mais s'en prendre sournoisement au premier quidam qui passait. Cogner la personne concernée, c'était courir le risque d'être arrêté par la police. Et le fait même d'avoir à se souvenir de son frère lui était insupportable.

Takayama s'empara du *stun gun* qu'il avait sorti d'une valise métallique rangée dans son casier et le mit dans sa poche. Il quitta le bureau. « Bon, bien, je pars le premier », dit-il. Moriguchi ne répondit pas. T'es rien qu'un connard, hé ! du con ! pensa Takayama. Tu devrais faire attention à pas trop me gonfler, moi et les autres, parce que, tu vois, aux autres, tu risques de leur causer du tort.

Takayama attendit la fille en fumant une cigarette devant le bar où ils avaient rendez-vous. Le bar se trouvait exactement à mi-chemin entre son bureau et la gare de Harajuku. De l'extérieur, on aurait dit une maison individuelle de style occidental. Il y avait peu de passants. Il était déjà tard. Tout près, se trouvait le terrain de sport d'un lycée municipal dont la clôture avait été enlevée. « J'ai oublié le nom de cette fille à cause de toi, connard de Moriguchi. » Mais d'après sa voix, elle devait être plutôt laide. Elle l'avait laissé sur une mauvaise impression. Pas plus de 40 ou 45 de moyenne à ses résultats scolaires. Ce bar était à la mode parmi les hommes d'affaires et il n'y avait aucune raison pour qu'une fille aussi laide s'y pointe seule à cette heure. Ça lui était d'ailleurs complètement égal si c'était pas cette fille qui se pointait. De l'endroit où il se tenait, Takayama pouvait voir le terrain de sport. C'est une chose à laquelle il pense souvent : les terrains de sport des établissements scolaires de Tôkyô ne ressemblent pas à des terrains de sport. A la campagne, il y a peu d'écoles dont les bâtiments soient aussi grands, et ce terrain de sport semblait vraiment immense. Même si on les regarde la nuit, les terrains de sport à Tôkyô n'ont pas cet aspect mystérieux qu'ils ont à la campagne. Ils sont pris dans le relief urbain et rien ne semble les distinguer de simples terrains vagues.

Quand Takayama eut fini sa seconde cigarette, il vit la fille qui arrivait à pied depuis Aoyama. Sa silhouette tranchait dans l'obscurité, elle avait une étrange allure. Elle portait un manteau court, blanc comme de l'émail, des bottes blanches à talons hauts, un chapeau vert et blanc et une écharpe blanche. On aurait dit un des nains de Blanche-Neige échappé d'un spectacle de fin d'année d'école maternelle. Ça ne pouvait être qu'elle. Une fille qui aurait obtenu des résultats scolaires corrects n'oserait jamais s'habiller ainsi.

— Excusez-moi, mademoiselle.

Takayama lui adressa la parole en s'approchant d'elle. « Oui ? » fit la fille d'une voie aiguë, en relevant la tête. Pas de doute, c'est elle, pensa Takayama. La même voix. Et telle que je l'avais imaginée.

— Je suis un ami de Takayama.

Une expression de joie inonda le visage de la fille. Quand elle sourit, cette femme, on dirait la face d'un petit dinosaure. Takayama pensa aussi que toute sa silhouette donnait une impression de petit dinosaure. Il était satisfait qu'elle ne soit jolie ni de corps ni de visage. Ce n'est pas une chose dont on pouvait se rendre compte au téléphone. Si elle avait été belle, il aurait sans doute eu des remords, et ce genre de sentiment pouvait se révéler dangereux : il aurait pu hésiter, au dernier moment.

— Monsieur Takayama. Mais où est monsieur Takayama en ce moment ?

— Il sera bientôt dans ce bar.

— Oui, mais je le reconnais ce bar, on en parle souvent à la télévision.

— C'était bondé.

— Ah bon !

— Oui, c'était bondé. Il est une heure du matin. Takayama a réservé pour une heure et demie. Comme j'habite tout près, il m'a chargé de vous demander de bien vouloir l'attendre. C'est un type qui fait toujours ce qui l'arrange. Mais bon, on n'y peut rien, c'est un gosse de riches. Ça ne le gêne absolument pas de vous charger de ce genre de commission.

— Oui, je crois comprendre ce que vous dites, c'est bien le genre. Ce soir, c'est en fait la première fois que je le rencontre. Mais au ton de sa voix, je comprends ce que vous dites.

— N'est-ce pas ? Il est dans un petit restaurant un peu plus loin, par là.

— Quel restaurant ?

— Un restaurant de cuisine occidentale traditionnelle. Faut prendre cette pente, là, et on redescend tout droit. Il y a une boutique de jeans d'occasion, mais elle doit être fermée à cette heure.

— Je crois que je connais.

— C'est juste en face de cette boutique.

— Merci, vous êtes très aimable.

Le petit dinosaure déguisé comme un des sept nains de Blanche-Neige inclina poliment la tête et commença à marcher. Takayama la regarda s'éloigner dix secondes, puis : « Ohé ! », la rappela en se dirigeant vers elle. Il rejoignit la fille à l'endroit où la pente et le terrain de sport se trouvaient au même niveau. Il sortit de sa poche le *stun gun* et le mit en position *on*. Il appuya sur la détente en pressant le canon sur le cou de la fille qui venait de se retourner vers lui. Elle s'effondra mollement. Il tira le corps de la fille qui avait perdu conscience dans un coin du terrain de sport, ramassa une pierre à la taille convenable et, s'installant à califourchon sur elle, commença par lui fracasser la bouche. Il ne savait pas pourquoi, mais il avait appris d'expérience qu'une personne évanouie reprenait conscience dès qu'on lui brisait les dents. Il pensa qu'il n'y avait pas de raison qu'une femme se laisse, consciente, briser les dents. De petites étincelles jaillissaient quand il les lui fracassait. Le bruit que fait une dent en se brisant à la racine est assez semblable au son aigu produit par une patate douce qu'on arrache à la terre. Puis, à mesure qu'elles se brisent, les dents produisent un son plus métallique et plus dur. La femme qui avait du sang plein la bouche ouvrit les yeux. Mais elle ne parvint à émettre aucun son, bien qu'elle essayât de hurler. Le sang jaillissait de sa bouche comme d'une source et la piqûre du *stun gun* l'avait engourdie. Et voilà, c'est ça, pensa Takayama. Ce visage. Un visage terrorisé de femme et pas l'ombre d'une réaction autour de soi, alors qu'une chose épouvantable est en train de se produire : ça laissait une impression étrange. Il frappa les yeux et écrasa le nez avec la pierre. Il essuya ses mains tachées de sang avec son mouchoir. « Elle n'est pas morte », murmura-t-il en s'éloignant.

— Ça c'est sûr, vous avez raison. Mais qui ? Ça, c'est inquiétant.

Takayama avait pris un taxi, il entretenait une conversation passionnante avec le chauffeur, un homme bavard. En jetant un œil sur la plaque à côté du taximètre, il vit qu'était inscrit le nom de Koide. Ce dernier lui parlait de sa fille lycéenne. Le sujet était plutôt sombre. Le chauffeur donnait l'impression de parler tout seul et il se forçait à rire de temps à autre.

— Je suis sûr que c'est un avortement. Un homme, bien sûr, il ne comprend pas tout et mon épouse est morte depuis déjà longtemps. Mais vraiment, les nausées, ces nausées ? Un homme, il ne connaît que les envies soudaines de manger quelque chose d'amer.

— Oui, ça c'est sûr.

— N'est-ce pas ? Mais comment dire ? Une sorte d'intuition. Elle rentre. Elle dit qu'elle a la crève. Elle va se coucher. Elle est pâle. Elle prend des anti-grippaux, ça c'est sûr qu'elle en a pris ! Et puis des fortifiants. Pas un machin genre Yunkel, non. Un truc qui fait de l'effet quand on est malade et même après. Elle arrête pas d'en prendre. Et puis, quand elle téléphone, elle chuchote.

— Vous savez, les jeunes filles passent beaucoup de temps au téléphone.

— Oui, ça aussi, c'est vrai.

Le chauffeur continuait à parler sans regarder le visage de son client. Il l'avait regardé une fois au moment de le charger, mais depuis il ne l'avait pas regardé. Ce n'était pas simplement les clients, il n'aimait pas, d'une manière générale, regarder le visage des gens.

— Ça ne vous dérange pas si je prends l'autoroute ? A cette heure, ça roule bien.

— Non, pas du tout, je vous en prie, prenez-la.

— Et puis, ça fait deux ou trois jours que je me dis que ça serait bien si je pouvais savoir de quoi elle parle au téléphone, non pas que je veuille écouter en cachette. Tiens, ça me rappelle qu'il y a longtemps j'ai eu un client bizarre. C'était quand je débutais dans la profession, il y a trois ou quatre ans de ça. Il a dit qu'il était psychiatre. Dans l'hôpital où il travaillait, une femme venait d'être admise. Eh bien, cette femme, le téléphone, les câbles des magnétoscopes. Les câbles, quoi ! Ce genre de truc, hein ! Elle lisait les signaux électriques qui circulent dedans…

VI

YASUKO

— ... Un truc pareil, vous l'auriez cru, vous ? Moi aussi, au début, j'arrivais pas à le croire. Cet homme, il avait pas l'air d'un psychiatre. Je me suis même demandé si c'était pas un fou. Même ses vêtements, on aurait pas dit un psychiatre. Comment appelle-t-on ça ? Il avait une sorte de manteau en vinyle avec un long col comme en portent aussi les joueurs de football en ce moment. Il était tout ébouriffé. Une drôle de dégaine. Ça, c'est sûr qu'il avait l'air intelligent. Et avec de grands yeux ronds en plus ! Mais il était pas si grand que ça.

— Ah oui, fit le client, profondément calé sur la banquette arrière.

Ce type ne s'intéresse pas du tout à ce que je raconte, pensa Koide. Il s'efforçait toujours de faire la conversation aux clients qu'il prenait. Non pas qu'il fût particulièrement bavard. Non, ça lui permettait surtout de jauger le client à qui il avait affaire. Et il était aussi convaincu que c'était préférable pour son équilibre mental. Non pas que le nombre de vols ait augmenté bien qu'on soit en période de crise. Ce qui avait surtout augmenté, c'était le nombre de types bizarres. Récemment, un collègue, un chauffeur qui travaillait dans la même société que lui, avait été sérieusement blessé d'un coup de cutter à la gorge. L'agresseur était un employé de bureau d'âge moyen, tout ce qu'il y avait de plus ordinaire, ni drogué, ni ivre. Il ne s'était pas seulement limité à la gorge, il s'était aussi mis à lui couper les cheveux.

Il paraît que le type paniquait lorsqu'il se retrouvait assis derrière quelqu'un qui, comme son collègue, s'était laissé pousser les cheveux et qu'il avait été pris d'une subite envie de les lui couper. Exactement comme si le chauffeur s'était trouvé dans le fauteuil d'un salon de coiffure. C'est ce qu'il avait raconté à la police pendant son interrogatoire. Car après lui avoir tranché la gorge, il n'avait pas pris la fuite. Il était resté là, dans le taxi, et il avait continué, couvert de sang, à lui couper les cheveux. Les types de ce genre étaient de plus en plus nombreux et la société de taxis leur avait demandé de faire très attention à l'attitude de leurs clients, leur allure, leur manière de parler. Ils pouvaient toujours leur demander d'être prudents, un type bizarre, ça ne se reconnaît pas au premier coup d'œil. Il y a des types aussi tranquilles que des chatons endormis qui disjonctent tout à coup, à un simple coup de klaxon. Parler au client lui permettait surtout de se rassurer. Avant, il écoutait la radio, mais à présent, s'il laissait la radio branchée trop longtemps, ça lui mettait les nerfs en pelote. Plus les animateurs déblatéraient, plus il se sentait agressé par ces voix surexcitées qui lui paraissaient affûtées comme des pointes de stylos-plumes et lui vrillaient les tympans. Il y a cinq ans de cela, quand il était devenu chauffeur de taxi, les collègues plus âgés disaient qu'ils arrivaient à se faire une idée du client rien qu'à la manière qu'il avait de monter dans le taxi. Mais à présent, les clients ne se laissaient plus cerner aussi facilement. Les clients jeunes, quand on les jauge d'après leurs réactions, on parvient encore à se faire une idée. Ils sont plutôt du genre mou. Koide pensait qu'on ne pouvait vraiment faire confiance qu'à cette espèce de clients un peu déprimés qui ne faisaient aucun effort pour entretenir la conversation. Selon lui, d'après ce qu'il pouvait en juger, c'était bien vrai qu'il n'y avait plus grand-chose à attendre de la société, et même de soi-même, rien qui puisse donner lieu de se réjouir.

Comme il avait épuisé tous les sujets susceptibles d'intéresser son client, Koide reprit l'histoire du psychiatre, après être entré sur l'autoroute à Ikejiri.

— Mais comment dire ? On aurait dit un type tout ce qu'il y a de plus ordinaire, car de nos jours ce ne sont plus les médecins ni les professeurs d'école qui portent des costards trois pièces, n'est-ce pas ? Mais lui, c'était pourtant quelqu'un qui avait l'air d'être assez connu. Comment je l'ai compris ? Eh bien, il a dit qu'il allait faire une conférence dans un colloque à l'étranger. Une conférence sur cette femme qui peut voir les images et entendre les sons dans les câbles électriques. Il a dit qu'il allait exposer son cas dans un colloque. Alors, je lui ai demandé si ça ne le gênerait pas de m'en parler à moi. Parce que moi, à ce moment-là, un truc pareil, j'y croyais pas encore. Cette histoire de femme bizarre. Eh bien, ce professeur de psychiatrie, il s'est mis à m'expliquer très poliment. A moi ! Avec ma petite cervelle de crapaud ! Sur le moment, j'ai compris, mais si vous me demandiez de vous expliquer maintenant, j'en serais bien incapable. Vous comprendriez pas. Et alors, c'est après que j'ai commencé à m'intéresser au cerveau, aux cellules aussi. J'ai lu des piles de livres et je crois bien que j'ai à peu près compris. En fait, dans notre cerveau circulent… quand on regarde des couleurs ou des formes, hein ? Quand on entend des sons, eh bien, tout ça, ce sont des signaux électriques. Excusez-moi si je peux pas vous raconter comme le professeur. Autrement dit, c'est comme un courant électrique. Et puis, ce qui circule dans le téléphone ou les câbles des magnétoscopes, c'est bien sûr un courant électrique. Ce qu'on appelle un courant électrique… Tenez, y a par exemple des animaux qui peuvent sentir des choses sans les toucher… Vous regardez souvent cette émission de la NHK sur la vie des animaux ? Moi, je ne la regarde pas souvent. Mais l'exemple des chauves-souris est célèbre. Les chauves-souris, dans des cavernes très étroites, il y en a des centaines. Et qui voltigent sans jamais se toucher, hein ? Eh bien, c'est parce qu'elles émettent des électrons qui entrent en collision. Non, c'est pas ça ! C'était pas des électrons. Comment qu'il appelait ça ? Ah oui, des ondes ultrasoniques. Elles émettent des ondes ultrasoniques et ça fait qu'elles se heurtent jamais. Mais alors là, les chauves-souris, qu'est-ce qu'elles voient ? Hein ? Qu'est-ce qu'elles entendent ? Je vous le demande, hein ? Eh bien, concrètement, c'est des signaux psychiques. Même la science moderne n'y comprend rien. Elles ne sont pas comme nous, les hommes. Les chauves-souris, elles ont un savoir. Qu'est-ce qu'il a dit ensuite ? Ah oui, je crois bien qu'il a parlé des microbes. Des microbes qu'on trouve dans les marécages en Amériques du Sud et en Afrique qui semblent se nourrir des courants d'électrons. Normalement, les électrons, c'est pas des machins qui servent d'aliments. Non, ce qu'on appelle aliments, basiquement, c'est les éléments nutritionnels, les protéines, le gras, etc. Bref, d'une manière générale, c'est les composés organiques. Les « composés organiques » ! Vous trouvez pas que ce mot sonne bien ? Tout notre corps est fait de composés organiques et de rien d'autre. Alors la peau, une peau qu'est vraiment douce, comme quand, par exemple, vous caressez le cul d'une bonne femme, hein ! C'est bon et ça excite, hein ? On a envie d'y aller. Il n'y a pas que l'étude dans la vie, hein ? Je me suis passionné pour toutes ces choses après avoir pris ce professeur de psychiatrie. J'ai bien regretté de ne pas lui avoir demandé le nom de son université et de me laisser sa carte de visite. Cette femme qui entend et qui voit les signaux électriques dans les câbles, c'est pas un pouvoir surnaturel qu'elle a. Non. Il faut considérer le phénomène strictement sur le plan de la physique. On parle bien d'ondes électromagnétiques, mais en fin de compte, ce ne sont que des courants d'électrons. Minuscules, vraiment minuscules. Bref, une sorte d'onde. Des ondes. C'est pas extravagant de considérer que cette femme perçoit des ondes. Elle est envahie par les ondes d'électrons. Comme ça, ça devient cohérent. Ça colle. Le cancer. Le cancer, ça aussi c'est un bon exemple. On en parle sans arrêt : le cancer peut-il se soigner ? Y a-t-il des personnes immunisées ? C'est comme la matière métabolique du cerveau, hein ? Le cancer est une chose vivante. Est-ce qu'il est venu de l'espace ? On le dit aussi, mais ça se discute. L'espace ! Je dis l'espace, mais c'est facile à dire, « l'espace ». Et l'hérédité, qu'est-ce que c'est au fond ? On a à la fois l'impression de comprendre et de ne pas comprendre. Donc, c'est qu'on sait pas. Guanine, adénine, cystéine, thymine, voilà le truc. Tout notre corps est contrôlé par l'hérédité. Et puis, on trouve l'urathyne et la mitochondrie. C'est de la chimie. Les enfants, ils comprennent quand on leur dit : « C'est l'hérédité. » Mais qui peut dire en fait, hein ? « Guanine, adénine, cystéine, thymine », vous trouvez pas que ça ressemble à une formule magique ? Et puis, non, c'était pas l'urathyne, mais l'uracil. Attendez, c'était pas non plus la thymine, mais la cyninime. Qu'est-ce qui différencie l'hérédité et les chromosomes ? Personne ne sait. Les chromosomes sont constitués en anneaux et ces anneaux sont constitués d'anneaux plus petits et ces petits anneaux sont eux-mêmes constitués de petites cellules. Eh bien, l'anneau le plus petit, c'est l'ADN. Maintenant, on dit génome. Mais le génome, il est incroyablement long, une farce ! Il a parlé des exons et des introns. Rien de très clair. Bref, les cellules cancéreuses sont une autre sorte d'êtres vivants qui mutent brutalement. Eh bien, c'est pareil pour tout, par exemple, les radiations de rayons ultraviolets – on peut bien sûr prendre des bains de soleil, mais c'est mauvais pour le corps. Ma sœur, elle prenait des bains de soleil sur une plage dont je me rappelle plus le nom, près de Chiba. Maintenant, elle a plein de taches. Pourquoi les rayons ultraviolets provoquent-ils facilement le cancer ? C'est parce qu'ils détruisent le génome humain. Ils détruisent l'hérédité. Je dis hérédité, mais c'est pas si simple. D'abord, c'est incroyablement long. Si on déroulait totalement le génome humain, ça ferait dix centimètres, euh… non, dix mètres, ou peut-être bien que c'était dix kilomètres. Bref, c'est très long. Très fin et très très long, un peu comme le zizi des singes hamadryas. Et puisqu'on en parle, je suis né à la limite de Chiba et de Tsukuba, eh bien…

Le taxi quitta le troisième périphérique de Tôkyô et entra sur l'autoroute Tomei. Loin devant sur la voie opposée, coulait le flot des véhicules en codes encadré par la rangée de néons jaunes plantés à intervalles réguliers le long de la chaussée.

Koide n'aimait pas circuler sur les autoroutes au milieu de la nuit. Il avait l'impression de perdre le sens de la réalité. Il lui arrivait parfois de se demander, depuis son plus jeune âge, s'il était bien présent à l'endroit où il se trouvait. S'il était lui, vraiment lui. C'était une impression qui s'emparait de son esprit et de son corps. Il lui arrivait parfois de mettre les mains devant ses yeux et de les regarder fixement en redoutant qu'elles ne s'étirent mollement. Il avait parfois l'impression de perdre le sens de la réalité. Un voile qu'il était le seul à percevoir se répandait tout autour de lui, comme un brouillard, puis le monde commençait à se distordre, à s'étirer comme vu à travers un grand angle. Mais comme personne d'autre dans sa famille, ni aucun de ses amis, ne semblait faire ce genre d'expérience, il n'avait pas osé confier à quiconque sa peur de la distorsion du monde.

Le père de Koide travaillait dans une usine de peinture et sa mère faisait pousser du maïs et des arachides dans un champ étroit. Ses deux frères étaient branchés kendo et moto-cross. Dans son quartier, où vivaient des familles très ordinaires comme la sienne, on ne trouvait pas de manuels de psychiatrie et on n'employait jamais des mots comme « autisme » ou « schizophrénie ». Et même si cela n'avait jamais vraiment représenté un handicap dans sa vie de tous les jours, Koide avait fini par se convaincre qu'il devait arriver à tout le monde d'avoir l'impression, de temps en temps, de perdre le sens de la réalité. Tout le monde devait faire cette expérience de temps à autre. Et il pensait que personne n'en parlait jamais parce qu'il n'y avait aucune raison qu'on en parle.

On avait construit un petit zoo non loin de chez eux. Lorsqu'il l'avait visité en famille, il était en dernière année d'école primaire. Tout s'était bien passé jusqu'à ce qu'il approche de la cage des hamadryas. Pendant le pique-nique sur l'herbe, il avait aimé regarder son père qui, d'habitude silencieux, s'était mis à parler fort après plusieurs canettes de bière. Un des trois hamadryas était en train de se masturber. En observant le sexe rouge du singe qui ne cessait de s'allonger, un sexe incroyablement long, il avait senti que le paysage alentour commençait insensiblement à se modifier. Enfant, et encore à présent, il avait fait un nombre incalculable de fois cette expérience du paysage qui perdait tout à coup de sa réalité. Il gardait un souvenir très vif du sexe de l'hamadryas. Ce sexe rouge et incroyablement long, semblable à une langue de reptile. Il avait l'impression que ce sexe allait s'étendre à l'infini dans un bruit mou qu'il pressentait déjà.

Les symptômes et les manifestations d'irréalité ne se traduisaient pas chez Koide par une rupture avec le temps et l'espace, mais par l'impression que les parties de son corps – chacun de ses membres, ainsi que ceux de tous les animaux – se mettaient soudain à rétrécir. C'était après avoir chargé ce psychiatre qui traitait cette femme étrange que Koide avait commencé à s'intéresser à l'esprit et au corps humains. Le psychiatre lui avait raconté toutes sortes de choses et Koide s'était ensuite mis à lire des livres. Il était tombé en arrêt sur une phrase qui décrivait l'ADN comme exceptionnellement long et fin. Il avait associé l'ADN au sexe de l'hamadryas. Sur l'autoroute, un léger décalage était perceptible entre le passage des phares des voitures qu'il croisait et le défilé des lumières jaunes des lampadaires qui bordaient la chaussée. Dans ce décalage, il eut l'impression que quelque chose commençait mollement à se distordre. Il se sentit mal. Une fraction de seconde, il crut même qu'il allait s'encastrer dans la voiture qui le précédait.

Koide quitta l'autoroute Tômei à Kawasaki, puis après avoir roulé un moment en direction de Fuchû, il déposa son client devant l'entrée d'un immeuble. Il décida de rentrer par la nationale 246. Une femme d'âge moyen se tenait, le bras levé, devant un restaurant de *ramen*[1] ouvert toute la nuit. Il s'arrêta pour la prendre. « Il fait froid », fit la femme en s'installant à l'arrière du taxi. Elle indiqua un lieu en direction d'Itabashi, puis composa un numéro sur son téléphone portable et se mit à parler.

— Oui, c'est moi. Comment, tu es encore debout ? T'as pris ton repas, au moins ? Dis, tu as vu que j'avais laissé du gratin dans le réfrigérateur ? Tu aurais pu le passer au micro-ondes, c'était tout de suite prêt ! J'ai dû rester avec un client jusqu'à cette heure…

1. Soupe de pâtes.

La femme devait avoir dans les quarante ans. Elle n'était pas très maquillée, mais elle sentait le parfum de luxe. Pour une pute, c'est une pute de luxe, pensa Koide qui se dit aussi que sa femme devait avoir à peu près cet âge-là quand elle était morte.

— Je n'y peux rien, tu sais. Il m'a demandé de le raccompagner. Ne dis pas de bêtises. C'était monsieur Yokoyama, tu sais. Ce n'est pas qui tu crois. Il nous a tous invités après la fermeture. Tu travailles demain, alors va te coucher, veux-tu ? Je ne pensais pas que tu serais encore debout. Je voulais simplement te laisser un message sur le répondeur. Et, dis-moi, je crois bien qu'il n'y a plus de croquettes pour le petit, tu ne pourrais pas en acheter demain… ? Hein ? Quoi ? Comment ? Dis donc, tu veux pas baisser un peu le son de la télévision, je ne t'entends pas bien.

Yasuko trouvait que sa petite sœur se laissait vraiment aller. Elle n'est pas encore couchée alors qu'elle savait très bien que j'allais rentrer tard. Elle reste plantée devant la télévision. Elle regarde la télévision au beau milieu de la nuit alors qu'elle vient juste de trouver un nouveau travail dans un bureau. Il n'y a que des émissions stupides la nuit. Je lui ai pourtant bien dit que si elle voulait veiller, elle pouvait au moins louer des vidéos. Elle a toujours été un peu anxieuse, elle doit attendre que je rentre, pensa Yasuko. « J'arrive tout de suite », annonça-t-elle gentiment avant de couper la communication.

Yasuko n'est pas son vrai nom. Personne ne connaît d'ailleurs son vrai nom. La fille qui habite avec elle n'est pas non plus sa vraie sœur. Elle l'avait ramassée quelque part dans le quartier d'Ikebukuro – elle ne se souvenait plus de l'endroit exact. Elle lui avait proposé de vivre ensemble, comme deux sœurs. La fille qui n'avait aucun endroit où dormir avait tout de suite accepté. Yasuko « élevait » ainsi des filles, elle les faisait passer quelque temps pour ses sœurs, puis les rejetait à la rue. Celle-ci était la septième.

VII

AKEMI

— Il commence à faire frais, la nuit, n'est-ce pas ?

Le chauffeur venait de lui adresser la parole. Avant d'entamer une conversation avec un inconnu, il lui fallait d'abord décider d'un prénom. Le prénom, c'est important. Elle se décida pour Akemi. « Je m'appelle Akemi », ça la rassurait de se le répéter à elle-même. « Je m'appelle Akemi, Je m'appelle Akemi. » Bon, ça suffit. « Je m'appelle Akemi ». C'était ainsi qu'Akemi procédait. Elle murmurait son prénom exactement trente fois.

— C'est vrai. Ce serait ennuyeux que l'hiver arrive si vite.

— Les saisons n'attendent pas.

— Exactement, les saisons n'attendent plus.

— Pardonnez-moi de vous demander ça. Comment dire ? Vous êtes charmante, hein ! Les gens qui travaillent dans le commerce, je me demande toujours ce qu'ils peuvent faire. A cette heure-ci, excusez-moi d'être impoli, je tombe souvent sur des entraîneuses de bar. Mais vous, c'est pas ça, n'est-ce pas ? Au début, c'est ce que je me suis dit. Mais c'est pas ça, n'est-ce pas ? Non, hein ?

— Mais, je n'en sais rien. Je suis peut-être bien une entraîneuse…

— Non, c'est impossible. A votre manière de parler, c'est pas ça. Les hôtesses maintenant, elles parlent comme des lycéennes !

— Je suis hôtesse.

— Allez, c'est pas vrai ? Non, je n'y crois pas.

Akemi était entraîneuse depuis l'âge de dix-neuf ans. Elle était originaire d'une ville moyenne du Hokuriku et avait été élevée dans une famille de médecin. A l'époque de l'école primaire, elle avait appris qu'elle était une enfant adoptée. Son vrai père, c'était l'homme qu'elle appelait « le monsieur ». Le monsieur habitait en Amérique du Sud et faisait de rares apparitions au domicile d'Akemi tous les trois ou quatre ans. Ce n'étaient pas ses parents adoptifs qui lui avaient appris que le monsieur était son vrai père. Un jour, une autre fille du monsieur avait soudain débarqué chez elle. Akemi avait dix ans, elle était seule à la maison. Cette autre fille du monsieur avait sept ans de plus qu'elle. « Toi aussi, tu es vraiment jolie ! » lui avait-elle d'abord dit. Elle lui avait ensuite raconté beaucoup de choses au sujet du monsieur. Bizarrement, après les récits que lui en fit cette fille, les souvenirs d'Akemi commencèrent à se faire plus vagues alors qu'elle avait conservé jusque-là une impression très forte du monsieur. Non pas qu'elle ait cherché à l'oublier. A présent, elle ne se souvenait plus de son visage, ni de quel genre d'homme c'était. A présent, elle ne savait plus. Cette fille n'était plus jamais réapparue. Mais ce jour-là, elles avaient parlé presque deux heures dans un jardin public tout proche. Elle ne se souvenait plus de quoi sinon que cette fille lui avait dit plusieurs fois : « Toi aussi, tu es vraiment jolie ! » Cette fille aussi était jolie. Akemi n'en avait parlé à personne, pas même à ses parents. Non pas qu'elle eût décidé de ne pas en parler. Mais le simple fait d'y penser lui provoquait un mal de tête insupportable et elle s'était dit qu'il valait mieux oublier. Deux ans après la visite de cette fille, elle était entrée au collège et avait commencé à coucher avec des hommes. Elle était tombée enceinte deux fois et avait avorté. Elle avait fugué à plusieurs reprises, mais on la retrouvait à chaque fois, et elle était toujours reconduite à la maison. A seize ans, elle avait fait la connaissance d'un représentant de commerce qui venait de Kyôto et elle s'était enfuie avec lui. Jusque-là, ses partenaires avaient toujours été des garçons de son âge, des garçons du collège ou des petits voyous du quartier. On la retrouvait tout de suite lorsqu'elle fuguait. Mais cette fois, ses parents n'avaient pas réussi à localiser l'appartement de ce représentant de commerce de Kyôto. Elle s'était séparée rapidement de lui et avait trouvé un autre homme. Dès qu'elle marchait seule dans la rue, ou qu'elle buvait seule dans un bar, les hommes l'abordaient. Akemi changeait souvent d'homme. Ce n'était pas qu'elle se lassait rapidement. C'était plutôt qu'un autre homme surgissait, et pour peu que l'attitude, ou l'aspect physique, de cet homme corresponde à ses critères personnels et qu'il sache lui parler avec passion, elle ne pouvait s'empêcher d'avoir une autre liaison. Jusqu'à l'âge de dix-huit ans, elle avait rencontré principalement des petites frappes liées aux yakuzas. Il y avait même eu une période où elle était respectée comme une sorte de chef, mais elle avait continué néanmoins son boulot d'hôtesse dans plusieurs clubs. Elle aimait travailler dans les clubs pour y rencontrer toutes sortes d'hommes.

Elle raconta au chauffeur qu'elle était la maîtresse d'un compositeur célèbre.

— J'avais toujours cru que les hommes qui vivaient dans ce milieu étaient malheureux. Mais pas du tout. La vie est plus riche qu'on le pense.

— Plus riche ? Vous voulez dire que rien ne se passe jamais comme on l'aurait cru. Et c'est ce qui lui donne tout son prix. Je l'ai rencontré comme je venais de quitter l'université. J'avais tout juste vingt-deux ans. J'étais encore très jeune, n'est-ce pas ? J'ai vraiment pensé que cette rencontre était un signe du destin. L'impression que cet homme était unique au monde... Mais lui, à cette époque, il avait déjà presque quarante ans, et bien sûr une famille. J'ai cru qu'il allait quitter sa femme pour m'épouser. Mais la vie n'est pas si tendre ! Et voilà, cela fera bientôt vingt ans. Je me demande souvent si notre amour serait resté aussi pur s'il m'avait épousée. Il est aussi écrivain. Il a publié plusieurs livres. De temps en temps, il me raconte des choses que je ne comprends pas très bien. Tenez, par exemple, comment les hommes se sont protégés de l'inceste. Les hommes, n'est-ce pas, s'ils sont agressifs par instinct, c'est pour être capables de faire l'amour. Sans ça, ils en seraient bien incapables, non ?

— Heu ! Oui, je crois comprendre ce que vous voulez dire.

— N'est-ce pas ? Si on reste toujours avec le même homme, cet homme finit par ne plus avoir envie de faire l'amour avec vous, non ? Ce n'est pas qu'il se lasse. Non, ce n'est pas ça. C'est plutôt qu'en restant toujours ensemble, on finit par devenir trop… gentil. Eh bien, chez un homme, le même phénomène se produit avec sa fille. Un homme est obligé de vivre longtemps avec sa propre fille. Puis, la fille grandit, ses seins se développent et cela se termine par le moment où il commence à penser qu'il aimerait bien coucher avec elle. Et voilà venu le moment de vivre séparément, de ne revoir sa propre fille que devenue adulte. Vous savez que ce qu'on pourrait appeler des viols par erreur se produisent assez souvent.

Ouais, vraiment, les types qui écrivent, ils n'ont pas l'esprit structuré comme nous, pensa le chauffeur, admiratif. Il avait surtout apprécié ce qu'Akemi avait dit au sujet des hommes chez qui le désir sexuel disparaît s'ils n'ont pas de pulsions agressives. Cette histoire, Akemi l'avait entendue de la bouche d'un professeur d'université. Elle l'avait rencontré dans un club de Ginza et avait couché deux fois avec lui. Elle vivait alors avec un yakuza qui avait ensuite fait chanter le professeur. Le professeur avait dû payer deux millions de yens de l'époque. Le chantage avait si bien marché qu'il avait été obligé de démissionner de l'université. C'était un club très privé et très cher et quand on avait appris que l'établissement était lié à la mafia, Akemi avait elle aussi été renvoyée. Elle avait bientôt quitté ce yakuza qu'elle revoyait pourtant encore de temps à autre, bien qu'une dizaine d'années aient passé. Quand Akemi dégotait le bon client, ils s'associaient pour lui extorquer un bon paquet d'argent.

— Eh bien, lui, il me disait souvent : « Je ne peux pas t'épouser, mais on vivra ensemble. Qu'on soit mariés ou pas, cela ne fait pas une grande différence, tout juste de savoir si en arrivant à Hawaï, on passera l'immigration ensemble ou séparément. » Cela ne se limite peut-être pas qu'à cela. Il y a bien des couples mariés qui sont toujours ensemble, n'est-ce pas ? Mais je crois bien comprendre cette manière qu'il avait de dire : « vivre ensemble ».

Lorsqu'elle s'arrêta de parler, le chauffeur lui dit que sa femme venait de mourir. Il avait les larmes aux yeux. Akemi adorait ce moment. Ce moment où le mensonge n'est plus mensonge. Akemi ment sans arrêt, mais elle pense que pour peu que ses mensonges émeuvent ou effraient, pour peu qu'ils produisent un effet, peu importe la vérité ou le mensonge. La vérité n'existait pas et quand bien même elle aurait existé, elle ne vaudrait rien.

— En vivant ensemble, on fait ensemble de nombreuses expériences et on peut vivre ensemble du souvenir de ces expériences. On pourra vieillir, on pourra se promener dans un bel endroit tout en se racontant ses souvenirs. C'est ce qu'il me dit souvent. Ça ne vous donne pas envie de pleurer, ces belles paroles ?

Elle avait rencontré dans un club d'Akasaka celui qui lui avait dit : « vivre ensemble ». Il était cadre dans une maison d'édition qui publiait des dictionnaires. Elle avait couché avec lui, et lorsqu'elle avait essayé de le faire chanter, elle s'était aperçue qu'il avait aussi des relations avec les yakuzas. L'affaire avait tourné court et elle avait été obligée de quitter Akasaka. Akemi était bien incapable de dire avec combien d'hommes elle avait couché, mais c'était sans aucun doute ce cadre de la maison d'édition qu'elle avait préféré. Elle n'avait couché avec lui qu'une seule fois. Deux fois, ils avaient dîné ensemble. Il l'avait traitée de mythomane. Il lui avait aussi dit : « Tu n'es vraiment qu'une pauvre fille. Et tu as dû beaucoup souffrir qu'on te mente ! » Akemi avait été furieuse. Aujourd'hui pourtant, si Dieu devait lui apparaître et lui proposer de retrouver une personne de son choix, ce serait probablement ce cadre qu'elle souhaiterait revoir, bien qu'elle ne sût réellement pas pourquoi elle était toujours amoureuse de lui.

— Merci beaucoup. Ç'a été un plaisir de parler avec vous, dit le chauffeur lorsqu'elle descendit du taxi.

Comme elle le pressentait, sa petite sœur n'était pas encore couchée. Elle regardait la télé en mangeant des chips et en buvant du thé froid. Cela ferait bientôt trois semaines qu'elle habitait chez elle. Bientôt le moment de la renvoyer, pensa Akemi. Sa petite sœur était une fille un peu forte qui aimait les chapeaux. Lorsqu'elle avait emménagé chez elle, Akemi s'était aperçue que ses affaires consistaient essentiellement en cartons de chapeliers, bourrés de chapeaux. Des chapeaux minables, bon marché. Le visage de la fille était triste, tout comme le reste de son anatomie, un nez étroit, de petits yeux de chien battu. Akemi l'avait trouvée aux rayons des produits alimentaires, au sous-sol du grand magasin Tokyu. Elle était assise sur une banquette en train d'avaler un pain aux raisins. « Tu ne voudrais pas qu'on vive ensemble ? » Sa petite sœur qui aimait les lesbiennes s'était tout de suite réjouie et avait accepté sans discussion. Mais le jour où elle avait débarqué avec ses affaires, Akemi l'avait prévenue :

— Je suis quelqu'un de profondément gentil et je serai très gentille avec toi. Mais une fois par jour, il faudra me laisser te faire quelque chose que tu trouveras sans doute étrange. Je te saisirai par les cheveux et je te plongerai le visage dans l'eau. Tu dois te demander pourquoi une chose pareille ? Je crois que tu n'as pas dû avoir une enfance très heureuse. N'est-ce pas ? Eh bien, moi non plus. Tu dois comprendre, non ? Les personnes qui ont été maltraitées pendant leur enfance éprouvent de grosses difficultés à s'accepter telles qu'elles sont. Elles se détestent et cherchent toujours inconsciemment à se punir. C'est dur. Mais ces personnes, elles peuvent être sauvées à condition qu'elles acceptent d'être punies par celui ou celle à qui elles pensent pouvoir tout donner. Tu as compris, tu es d'accord ? Je te saisirai par les cheveux et je te mettrai le visage dans l'eau, chaque soir, une fois tous les soirs. Tu verras qu'au bout d'une semaine, tu auras changé. Ce rite de plonger dans l'eau le visage de quelqu'un en le maintenant par les cheveux était un rite secret d'initiation qui se pratiquait autrefois dans l'empire inca.

Akemi pensait se protéger du mauvais sort en ramassant des filles larguées, à la dérive, des filles laides et sans argent, avant de les rejeter à la rue. Après avoir été cajolées, certaines filles finissaient par prendre pour de l'affection cette forme de sévices qui consistait à se voir plonger le visage dans l'eau, à avoir les cheveux brûlés au briquet, à se retrouver ligotée, le sexe offert, ou à supporter des piqûres d'épingles de nourrice dans les fesses. Ce genre de filles, celles qui ont été élevées dans des familles douées pour le malheur, sont en général les plus débiles. Akemi les gardait auprès d'elle jusqu'à ce qu'elle en soit lassée. Elle les rejetait ensuite à la rue et l'important était alors de donner à la fille un prénom choisi par elle.

— Allez, lève-toi, dit la femme qui l'attrapa calmement par les cheveux pour la relever. A partir d'aujourd'hui, tu t'appelles Akemi.

On lisait la colère sur son visage, bien davantage que de coutume, et ce que cette femme venait de dire l'effraya. Elle décida de se concentrer sur son nouveau prénom. « Oui, je m'appelle Akemi », dit Akemi. Elle se laissa traîner par les cheveux jusqu'à la salle de bains et la femme lui dit de se mettre nue. Akemi fit comme elle lui disait. Elle pensa qu'elle allait être battue car elle avait l'impression ce soir que quelque chose était différent. Toujours maintenue par les cheveux, la femme lui plongea le visage dans l'eau de la baignoire. Selon les jours, ça allait de plusieurs fois à plusieurs dizaines de fois. C'était douloureux, mais si elle la laissait faire sans protester, cette femme savait ensuite être très douce. Elle avait un très beau visage. Au club, elle devait être la fille la plus demandée, la *number one*, elle avait plein d'argent, possédait des centaines de fringues comme on n'en voyait que dans les magazines. La petite sœur aimait les regards qui convergeaient dans leur direction lorsqu'elles sortaient ensemble dans les *family restaurants*, ou les Lawson. Elle avait aussi le sentiment d'accomplir une chose importante en supportant de se laisser plonger le visage dans l'eau. L'impression qu'elle était en train de surmonter quelque chose. Ce n'était pas si désagréable. Mais ce soir, quelque chose s'était modifié chez cette femme. Akemi comprit qu'elle allait la remettre à la rue. Et elle n'était pas le genre de femme à se laisser impressionner par des pleurs ou des excuses. Akemi aimait cette femme, mais elle comprenait d'instinct qu'elle ne pourrait pas lui résister, bien qu'elle n'eût pas envie d'être renvoyée. Elle supporta difficilement que cette femme brûle tous ses chapeaux dans la baignoire. A plusieurs reprises, elle lui demanda d'arrêter. La femme dit que ces chapeaux abritaient le mauvais sort et les brûla jusqu'au dernier. La femme venait de remplir d'eau la baignoire où se trouvaient les chapeaux réduits en cendres. Elle prit Akemi par les cheveux et lui plongea le visage dans l'eau. Bien plus longtemps que d'habitude. Akemi pensa qu'elle voulait la noyer. Elle pensa aussi que cela ne serait sans doute pas plus mal. Cette femme lui parlait toujours de l'empire inca lorsqu'elle la prenait par les cheveux et lui secouait la tête.

— Tu es bien trop stupide pour comprendre, mais dans l'empire inca, on pensait que le prénom abritait un démon. Et c'est la raison pour laquelle changer de prénom signifiait changer de démon. Avouer son prénom, c'est se confier à un démon. Dorénavant, tu t'appelleras Akemi. Et tu vivras seule.

Akemi quitta l'appartement en emportant les cendres de ses chapeaux. Elle avait froid et son corps tremblait car elle était nue quand la femme l'avait jetée dehors. Dans le couloir de l'immeuble, la femme avait fini par lui lancer une robe. Elle était en sandales. Elle ne savait pas où aller. Elle avait du chagrin à cause de ses chapeaux réduits en cendres, mais elle avait aussi le sentiment que le mauvais sort l'avait quittée. Akemi décida de marcher jusqu'à la gare d'Itabashi.

VIII

KAORU

Akemi se retourna plusieurs fois en marchant. Elle espérait que la belle femme allait la suivre. Elle en avait envie. Elle le redoutait aussi. Elle marchait dans la cité-dortoir de Kami-Itabashi. Elle ne savait pas pourquoi, mais il lui semblait que des entraîneuses de bar vivaient dans ce coin. Elle pouvait encore apercevoir de la lumière aux fenêtres de plusieurs immeubles. Elle avait l'impression qu'il lui serait facile de s'introduire dans l'un de ces appartements où l'on veillait encore. Que le propriétaire des lieux lui ouvrirait gentiment sa porte pourvu qu'elle supporte d'avoir le visage plongé dans l'eau d'une baignoire ou qu'on lui brûle les cheveux. Akemi s'approcha lentement d'un bâtiment couleur crème. Et comme il s'agissait d'une construction en mortier, bien moins luxueuse que l'immeuble de standing de la belle femme, elle pensa qu'on ne lui ferait probablement pas subir de choses trop pénibles, qu'ils pourraient vivre ensemble. Elle sonna, un appartement au premier étage, où elle avait aperçu de la lumière.

— C'est quoi ?

Un homme passa la tête par la porte entrebâillée. L'homme était maigre. Il avait de petits yeux, la cinquantaine environ. Il était vêtu d'un chandail bleu foncé et d'un pantalon.

— Bonjour, salua poliment Akemi. Je peux dormir ici ? Mais ça m'ennuierait que vous me fassiez des trucs dégueulasses.

— C'est toi la petite sœur d'Akiyama ?

Akiyama. Akemi ne se rappelait pas avoir jamais entendu ce nom. La belle femme avait l'habitude de changer de nom et elle se demanda si ce n'était pas d'un de ces noms-là dont il était question.

— Oui, c'est moi, dit-elle.

— Le problème, c'est qu'à cette heure, c'est plus possible d'aller à l'hosto. T'es partie quand ?

L'homme la laissa entrer en continuant à parler. L'appartement était minable : une cuisine étroite et une pièce de six tatamis. Rien qui ressemblât à un meuble. Plusieurs cartons de livres et de magazines étaient posés à même les tatamis. Une odeur de pâtes flottait dans la pièce. Une odeur de *ramen* ou de nouilles instantanées. Un futon était roulé dans un coin et une radiocassette diffusait faiblement un programme de chansons populaires.

— Je t'avais pourtant dit au téléphone que ça allait. Pas la peine de t'inquiéter. Rien que des côtes brisées. Si encore un os avait crevé un organe, ça aurait pu être sérieux, à ce qu'il paraît, mais là, non, ça n'a rien touché. Une fracture, faut du temps pour que ça se remette. Faut pas être pressé de guérir.

Alors l'assurance, oui, eh bien... Je crois que je t'ai dit au téléphone que, nous autres, on cotisait même pas à la Sécurité sociale, alors c'est sûr que c'est un peu emmerdant. Y a bien sûr ce genre d'organisation qui pourrait se charger du truc. Mais comme on est déjà en affaires avec eux, on risquerait de se retrouver ensuite sans boulot.

L'homme se tenait dans la cuisine étroite et mit de l'eau à chauffer. Il avait, quand il parlait, un accent du Nord qui rassura Akemi. Elle était née dans une région froide. Elle ne se souvenait plus très bien de sa vie dans cette campagne. Il lui suffisait de faire en sorte de ne plus y penser pour que ce passé-là disparaisse de son esprit comme par enchantement. Ça lui donnait mal à la tête d'y penser lorsque cette belle femme lui plongeait le visage dans l'eau ou lui brûlait les cheveux. Elle faisait en sorte de ne plus y penser. Avant de rencontrer cette belle femme, Akemi avait souvent été battue, surtout par des hommes. Son père aussi la battait. Elle avait oublié si c'était cette belle femme ou une autre personne qui lui avait aussi permis de rester chez elle, mais quelqu'un lui avait dit que les gens qui avaient été battus avaient le regard vide. Akemi ne savait pas si elle avait le regard vide.

— T'as une drôle de dégaine, dis donc ! T'es venue tout suite après que je t'ai annoncé la nouvelle ?

Elle ne comprenait pas de quoi l'homme parlait, mais se dit qu'elle ferait mieux d'acquiescer et acquiesça. Elle pensa qu'il valait mieux acquiescer en évitant de croiser son regard, plutôt que de chercher à détromper l'homme par un signe de tête. Elle ne se rappelait plus qui l'avait cognée sur l'oreille ni pourquoi, à l'instant même où : « Non, je ne veux pas », avait-elle eu le malheur de protester. Quand elle était allée ensuite à l'hôpital, le médecin lui avait dit qu'elle avait le tympan déchiré. Elle avait eu mal pendant plusieurs jours. Elle n'avait pas eu mal à un endroit particulier. Elle avait eu l'impression qu'un petit être appelé douleur s'était introduit dans son corps. Elle ne l'avait pas remarqué en pénétrant dans la pièce, mais il y avait, à côté du futon roulé, un petit animal qui faisait du bruit en se déplaçant dans une cage.

— Ah, ça, c'est Yoshio qu'il s'appelle. Tu l'trouves pas mignon ? Yoshio, c'est le prénom du fils d'un type que j'connais. Un jour, il est venu ici et t'aurais vu la colère quand j'lui ai dit que la souris avait le même prénom que son fils. Je vis seul, alors ça fait du bien de pouvoir appeler quelqu'un par son prénom. Dis-moi, et toi, tu t'appelles comment ?

— Akemi, dit-elle.

— Evidemment. Akemi. Et t'as pas faim, Akemi ?

— Un peu, répondit-elle. L'homme dit qu'il allait lui acheter quelque chose au drugstore du coin. Il enfila un K-way orange fluo et sortit en la laissant. Akemi décida de tuer la souris. Elle pénétra dans la cuisine et trouva une cocotte sale dans l'évier. Des restes de viande et de légumes y étaient collés, une odeur de moisi s'en échappait. Elle remplit d'eau la cocotte, sans la laver, et la posa sur le lino de la cuisine. Elle alla chercher la cage de la souris et essaya de la plonger dans l'eau, mais la cage était trop grande. La souris poussait de petits cris stridents. « Tu ne t'appelles pas Yoshio, murmura Akemi. Tu ne t'appelles pas Yoshio. Tu ne t'appelles pas Yoshio. Tu ne t'appelles pas Yoshio. Tu ne t'appelles pas Yoshio. Tu ne t'appelles pas Yoshio. Tu ne t'appelles pas Yoshio. » Elle ne réussit pas à trouver un autre prénom. Elle se demanda comment cette belle femme faisait pour trouver autant de prénoms différents. Elle ouvrit la porte de la cage. La souris fit mine de vouloir sortir. Elle lui mordit le bout d'un doigt. C'était une morsure minuscule, mais Akemi eut très mal. Pendant qu'elle attendait, accroupie, que la douleur passe, la souris, en cherchant à s'enfuir, tomba toute seule dans la cocotte. La cocotte était pleine à ras bord. La souris fit des efforts désespérés en tentant de s'agripper au chou pourri, collé aux parois de la cocotte, elle agitait frénétiquement ses petites pattes, blanches comme des allumettes. Du sang perlait sur le doigt à l'endroit de la morsure. Elle n'avait pas réussi à trouver un autre prénom pour Yoshio. Au début, elle n'avait pas eu l'intention de tuer la souris et elle pensa que l'homme ferait une drôle de tête en rentrant. Le pressentiment de « cette drôle de tête », c'était une simple image. Elle ne se voyait pas en train d'être battue. Elle revivait, quelque part dans son corps, une douleur physique.

Autrefois, en cours de sciences, elle avait appris qu'un courant électrique circulait dans le corps humain. On disait que c'était un courant qui assurait les connexions en passant par les nerfs. Elle avait très bien compris la description de ce phénomène parce qu'elle sentait un flux semblable circuler dans son corps quand elle ressentait une douleur intense. Elle le sentait aussi quand elle avait la prémonition de la violence, elle le sentait envahir son corps lorsqu'on la battait ou qu'on lui brûlait les cheveux. La souris tournoyait dans la cocotte. Akemi s'empara d'une veste grise accrochée à un mur de la pièce. Elle enfila ses sandales et sortit.

Elle descendit l'escalier de l'immeuble, transie par ce courant électrique. Elle eut aussi l'impression que le froid qui pénétrait son corps se mêlait au courant électrique. Quand la belle femme l'avait jetée à la rue, elle n'avait pas senti le froid, elle était trop surprise et terrorisée. Elle regarda ses pieds et se demanda pourquoi elle n'avait que ces sandales par ce froid. C'était une chose qui se produisait souvent depuis l'enfance. Pourquoi restes-tu ainsi dans le froid ? Pourquoi ne portes-tu qu'une simple robe ? Pourquoi ne mets-tu pas de pansement si tes oreilles saignent ? Pourquoi ne dis-tu pas : « De l'eau, s'il vous plaît », si tu as soif ? Elle utilisait la plus grande partie de son cerveau à rabâcher ces questions laissées sans réponse. Pieds nus. Elle avait la chair de poule. On aurait dit un morceau de toile émeri.

La veste avait une odeur de vieil homme et de misère. En marchant dans la cité-dortoir, elle se rendit compte qu'elle ne savait plus dans quelle direction se trouvait la gare d'Itabashi. L'odeur de vieil homme et de misère lui rappela son père. Son père travaillait pour une compagnie de gaz dans un village que semblait vouloir écraser une chaîne de montagnes aux sommets enneigés. Un travail de bureau. Quand il avait eu quarante ans, on lui avait donné une nouvelle affectation et il s'était retrouvé à faire la tournée pour collecter le montant des factures. Sa mère était esthéticienne et travaillait dans un salon proche de la maison. Le salon de beauté s'appelait *France* et sur la devanture du magasin était dessiné le drapeau national français. Son père et sa mère battaient Akemi. Elle avait aussi un frère et une sœur, mais il n'y avait qu'Akemi qui était battue. Elle avait commencé à ne plus s'entendre avec sa mère à l'époque où son père s'était retrouvé à faire les tournées pour collecter l'argent, et la fréquence des coups avait augmenté. Quand elle y repense maintenant, les cinq membres de cette famille étaient tous aussi impassibles que des cadavres. Lorsqu'elle avait quitté la maison, son frère qui parlait comme l'homme qui élevait la souris appelée Yoshio lui avait dit quelque chose comme : « De nous tous, c'était toi la plus forte, alors c'est normal que papa et maman aient eu besoin de te battre pour se faire aimer. » Son frère avait été arrêté pour une affaire de drogue. Il était maintenant en prison.

Un peu plus loin, en dépassant la cité, se trouvait un jardin public, coincé entre une rivière et une entreprise de poids lourds, où un groupe de jeunes était en train de tabasser un type. Un K-way orange fluo s'écroula bientôt au sol. Elle comprit que c'était l'homme à la souris. L'éclairage du jardin public était défectueux, les lampadaires clignotaient nerveusement et projetaient des cônes de lumière bleu pâle. L'homme à la souris se tortillait à terre. Il essayait désespérément de protéger son ventre et sa tête, les bras repliés sur lui. Les jeunes visaient, entre ses mains et ses bras, les parties laissées à découvert. Ils reculaient de deux ou trois pas avant de frapper au ventre l'homme à la souris, à coups de pied, comme s'ils s'entraînaient à tirer un corner au football. A cause de l'éclairage, la silhouette des garçons tremblait délicatement. Que c'est beau, on dirait un spectacle d'ombres chinoises, pensa Akemi en traversant le jardin public.

Dans la poche de la veste qui sentait la sueur, il y avait une pièce de cinq cents yens et trois billets de mille yens. Akemi entra dans un café situé dans une galerie marchande et commanda un chocolat. Le café était désert. Le garçon lui adressa la parole en lui apportant son chocolat.

— Vous aimez la montagne ?

Akemi répondit que non, pas spécialement.

— Moi non plus en fait, j'aime pas spécialement. Mais les rayons du soleil couchant sur les sommets enneigés, ça c'est beau. Vous connaissez ?

Akemi dit qu'elle connaissait. A la campagne, elle avait l'impression d'avoir eu souvent l'occasion de voir ce genre de spectacle. Mais elle n'avait pas trouvé ça particulièrement beau, et c'est ce qu'elle répondit au garçon qui avait un visage très doux. Akemi pensa que le garçon était bien la personne la plus maigre qu'elle ait jamais rencontrée.

— Pourquoi je vous dis ça ? C'est que je viens de faire une sacrée expérience. En fait, je fais du cinéma.

— Du cinéma ?

— Ouais, je fais des films. Enfin j'essaie. Vous connaissez le festival de cinéma organisé par *Pia* ?

— *Pia* ?

— Mais si, le guide des spectacles. Ils vendent des places. *Ticket Pia*. Ça ne vous dit rien ?

— Je ne vais jamais au cinéma et je ne vais pas aux concerts.

— Ah bon ! C'est pourtant connu, *Pia*.

— Ah oui ?

— Eh bien, je propose, entre autres, mes films au festival de cinéma Pia. Du huit millimètres. Je déteste la vidéo. Je ne fais que des films en huit millimètres. Y a pas longtemps, j'ai cassé ma caméra, une Bollex d'occasion, et j'ai dû emprunter celle d'un ami. Mais alors super vieille, la sienne. Un copain de lycée dont le père est un savant très connu, un prof de fac. Ses recherches sur les bactéries sont très connues. Il est aussi connu parce qu'il aime la randonnée en haute montagne. Comment qu'il a dit qu'il s'appelait ? Peu importe, avec un alpiniste super célèbre, il a même escaladé plusieurs montagnes, comme l'Himalaya, incroyable, non ? L'Himalaya ! Super, non ? Mais il est mort.

— Il est mort ?

— Ouais. Il est mort. Le père de cet ami qui m'a prêté la caméra. Une caméra huit millimètres. Elle a au moins quarante ans. Quand on écoute la pellicule qui défile, gachya, gachya, gachya, ça fait un bruit super. C'est cette caméra que je lui ai empruntée.

La fille qui avait une drôle de dégaine fit : « Ah oui », et continua à boire très lentement quelques gorgées de chocolat. Kaoru avait pensé que cette fille s'intéressait à l'art, mais ce n'était pas ça. C'était quand même curieux que cette fille se fringue comme ça, si c'était pas une artiste. Il continua malgré tout à lui parler du coucher de soleil sur les sommets enneigés.

— Cette caméra, au début, il aurait fallu la nettoyer complètement. Mais j'ai pas eu le temps. Ben oui, à cause de l'actrice ! Si j'avais pas tourné tout de suite, elle partait sur un boulot à Saipan. Elle est mannequin. J'ai utilisé la huit en me demandant si elle fonctionnerait correctement. En plus, je ne savais pas très bien comment on la manipulait et j'ai même dû demander à mon copain de me mettre la pellicule dans la caméra car je savais pas le faire moi-même. Eh oui, puisque je n'ai pas de chambre noire. J'ai donc tourné avec cette pellicule. J'ai filmé. Mais au développement, alors là, j'ai eu la grosse surprise. Y avait rien de ce que j'avais filmé ! J'ai regardé ce film hier soir. Tout noir. Je me suis complètement planté ! Je l'ai projeté pour moi tout seul. Eh bien, il y a une seconde, une seule seconde où on peut voir un sommet recouvert de neige, au coucher du soleil. Le genre « flash subliminal ». J'en ai eu des frissons. Quand tu penses à ce que c'est, ça te fout des frissons partout. J'ai compté les images sur le film. Dix-sept images ! Et à raison de vingt-quatre images seconde, ça fait donc une image tous les zéro virgule quelque chose. Je ne sais pas si vous comprenez. J'avais jamais vu des images pareilles. Et ce sont des images prises il y a très longtemps par cet alpiniste, le chercheur en bactéries. La pellicule était vieille, alors les couleurs ont un peu passé. Ça tire sur l'orange, comme si le film avait été solarisé. Dans ces tons-là, vous voyez ? Un instant de sommet enneigé. Splendide. Ça, c'est du cinéma, vous ne trouvez pas ?

— Oui, sans doute, acquiesça la fille à la drôle de dégaine. La veste de cette fille sentait mauvais. Kaoru, satisfait de lui avoir pourtant raconté une chose qu'il n'avait encore jamais dite à personne, s'éloigna de la table.

IX

NORIKO

Kaoru regarda sa montre. Il finissait dans un quart d'heure. « Ça va, il n'y a plus de clients, tu peux y aller », dit le patron derrière le comptoir. Le patron était un homme dans la quarantaine, plutôt discret. Il avait commencé ce travail parce qu'il aimait préparer le café. « Les arômes, tu vois… » Il avait été marié, mais vivait seul à présent. Il n'était pas homosexuel. Quand Kaoru était arrivé à Tôkyô, il avait été souvent abordé par des homosexuels. « Kaoru, tu peux aller te changer, va », ajouta le patron d'une voix douce, occupé à moudre des grains de café. « Il n'y a plus de trains. Je reste encore un peu. Je peux rester ? » demanda Kaoru qui essuyait quelques verres derrière le comptoir. « Mais bien sûr. Tiens, je vais te faire un café avec des grains turcs. Peu de gens connaissent les grains de Turquie, mais ça fait un excellent café », dit le patron qui attrapa une boîte neuve sur l'étagère. Un comptoir et quatre tables constituaient l'aménagement du café. Sur un mur était accroché un menu où figurait la liste d'une centaine de noms de cafés différents, illustrée par plusieurs dessins représentant, pour le Brésil, un Christ dressé au sommet d'une colline, un guerrier Massaï tenant une lance pour le Kilimandjaro, etc. Les tables et les chaises étaient en bois, d'un design rétro dont le patron raffolait. Mais dans cette galerie marchande de Kami-Itabashi, très peu de clients devaient partager son goût. Il avait ouvert ce commerce grâce à l'héritage de ses parents. Il aurait préféré s'installer dans un quartier plus chic, comme Ebisu ou Daikanyama, mais il avait dû promettre à ses parents de ne pas quitter Kita-Itabashi.

— Alors ? dit le patron qui demanda son avis à Kaoru lorsque le café fut prêt. Il était très amer.

— C'est bon, répondit-il.

— Cette cliente ? dit le patron avec une expression de tristesse sur le visage en désignant la fille à l'allure étrange. Elle a une drôle de dégaine.

— L'odeur aussi, c'est pas mal.

— Je t'ai déjà raconté le voyage à Miami ?

Entre vingt et trente-cinq ans, le patron avait travaillé pour une maison de commerce. Son travail consistait à introduire au Japon les techniques de développement des villages de vacances et il avait été en visiter plusieurs autour du monde. Kaoru qui ne connaissait pas encore le récit du voyage à Miami répondit que non. Le patron parlait peu de ses voyages à l'étranger et pas seulement de son séjour à Miami. Il devait penser que cela ne présentait pas beaucoup d'intérêt.

— Ça doit bien faire déjà quinze ans que je suis allé à Miami. Tu sais que, là-bas, les quartiers du centre-ville et de Miami Beach sont vraiment séparés.

Le patron interrogeait Kaoru comme si c'était une chose évidente. Mais Kaoru ignorait que les quartiers du centre-ville et de Miami Beach étaient vraiment séparés. « Aah », répondit-il d'un ton évasif. Kaoru se sentait tout de suite mal à l'aise lorsqu'on lui parlait d'une chose présentée comme évidente pour tous mais que, lui, ignorait. Tout s'assombrissait devant ses yeux. Et une brusque envie de mourir le prenait. Il se faisait l'effet d'un être humain dont l'existence n'aurait eu aucune valeur. Kaoru regretta de ne pas avoir dit franchement qu'il ne savait pas que les quartiers du centre-ville et de Miami Beach étaient vraiment séparés. Après, il regrettait toujours, mais c'était trop tard. Il avait l'impression d'avoir été abandonné seul au monde.

— A Miami Beach, j'étais descendu au... Comment s'appelait-il, cet hôtel célèbre où il n'y a que des suites. Miami, le... le *Dorall* ! Oui, c'est très connu. Il n'y a pas d'autres hôtels de la classe du *Dorall*. Là-bas, je mangeais au *Stone Crab* tous les jours. Mais si, tu connais. Ils viennent d'en ouvrir un au Japon. C'est très connu. Comment s'appelait-il ? Ah oui : le *Joy's Stone Crab Restaurant*. Tu connais, n'est-ce pas ?

Kaoru ne connaissait absolument pas ni le *Dorall* ni le *Joy's Stone Crab Restaurant*. Ça l'angoissait même que tout le monde puisse connaître le *Dorall* et le *Joy's Stone Crab Restaurant*. Kaoru sentit monter en lui un profond mépris pour le patron. Un type qui n'a aucune sensibilité artistique. Un type qui ne vit que pour le café. Pauvre type, va ! pensa-t-il. Et c'est même pas la peine de lui parler cinéma, il ne comprendrait absolument rien. Cet homme connaissait cependant beaucoup de choses que lui, Kaoru, ignorait. Mais il parlait toujours comme si tout le monde connaissait ce dont il parlait. Il parlait de Miami Beach comme il aurait parlé d'Ebisu ou de Daikanyama. Comme si Kami-Itabashi et Miami Beach ne différaient que par le nom. Il se fout de ma gueule. Y a que des péquenots pour vivre dans une zone comme Kami-Itabashi. Le patron habitait Kami-Itabashi et il rêvait de Miami.

— Le centre de Miami, c'est le quartier des affaires. On y trouve des restaurants japonais, des *sushiya.* Et pas qu'un peu ! Mais à Miami Beach, il y a peu de Japonais. C'est parce que c'est pas un coin très sûr. Enfin, c'est pas un coin pour Japonais. C'est plein de Cubains, d'Haïtiens et de Portoricains. Très populaire, quoi. Pas bonne presse. Quand j'étais à Miami Beach, une *sushiya* venait de s'ouvrir. Et avec un Japonais derrière le comptoir ! J'y suis allé avec des amis. Dans le restaurant, à part nous, il n'y avait que des autochtones. Alors le patron, derrière le comptoir, tu penses qu'il était rudement heureux de nous voir arriver. Enfin des Japonais ! « Pourquoi ? » qu'on lui demande. « Regardez », nous dit-il en nous désignant un client américain. Eh bien, cet Américain, hein ! Le riz du *uramaki* qui est un sushi roulé avec le riz à l'extérieur, il était en train de le mettre en miettes avec les baguettes afin de pouvoir l'avaler après y avoir versé dessus un litre d'huile de soja. L'assiette ruisselait d'huile de soja. Le riz, le poisson et l'algue, il mélangeait tout ça. Ça ne ressemblait plus à rien. « Ça n'a plus le goût du sushi roulé ! » se lamentait le patron. Nous, on a acquiescé d'un air compatissant. Eh bien ! Ici, c'est pareil. Pour le chocolat, moi, je n'utilise que du vrai cacao de Colombie !

Le patron se dirigea à nouveau derrière le comptoir et commença à mélanger des grains. La fille à la drôle de dégaine contemplait, béate, le dessus de la table. De temps en temps, elle portait le chocolat à ses lèvres comme si elle venait soudain de se souvenir de l'existence de la tasse. Puis elle reposait la tasse. Kaoru avait envie de mourir en regardant cette fille. Comment a-t-elle pu en arriver là, pensait-il. A l'école primaire, Kaoru avait un Q.I. de cent soixante-dix. Sa famille était installée dans le Kyûshû où ses parents étaient l'un et l'autre avocats d'affaires. Sa sœur, plus âgée de trois ans, faisait médecine à l'université de Kyûshû, et son frère était étudiant en technologie à l'université d'Ôsaka. Et Kaoru, qui avait pourtant un Q.I. supérieur à tous, se retrouvait à boire du café turc dans un café perdu de la zone de Kami-Itabashi où il venait d'encaisser le chocolat d'une fille qui ressemblait à une vagabonde et à laquelle il venait de dire : « Merci ». « Toi, tu es le plus intelligent », c'était ce que ses parents n'avaient cessé de lui répéter et il avait fini par s'en convaincre. Lorsqu'on l'avait envoyé dans le meilleur lycée privé de tout le Kyûshû, il regardait de haut tous les autres élèves. Il était persuadé qu'aucun de ses camarades ne lui arrivait à la cheville. Ses parents avaient acheté un appartement près du lycée et lui en avaient promis un autre dans la capitale quand il ferait son droit à l'université de Tôkyô. Mais Kaoru pensait qu'il y avait bien assez d'avocats ou de juges d'instruction en ce bas monde. Les candidats aux examens à la fonction judiciaire se ramassent à la pelle. « Moi, je suis pas comme ces mecs-là. » Il s'était fait beaucoup d'amis au lycée, mais il les méprisait tous parce qu'il se trouvait supérieur à eux. En seconde année de lycée, il fit la connaissance du fils d'une relation d'affaires de ses parents dans le Shikoku. Le garçon s'appelait Koremizo. Koremizo voulait devenir réalisateur. Il avait décidé d'étudier dans une école de cinéma en Italie et prenait déjà des cours particuliers d'italien et d'anglais. Lorsque Koremizo apparut, Kaoru le considéra comme son unique rival tout en restant persuadé d'être le meilleur. Il écrivit un scénario qu'il envoya à un producteur célèbre de Tôkyô. C'était un producteur qui travaillait essentiellement avec des cinéastes étrangers et il avait reçu plusieurs prix. Kaoru pensait que seul ce producteur pouvait être un individu de sa trempe. Il avait joint une lettre passionnée à l'envoi. « Je vous respecte. Je pense que, tout comme vous, j'ai été élu parmi les hommes dans ce monde. J'ai un Q.I. de cent soixante-dix. Un chiffre qui fait de moi un génie et qui fait aussi que je trouve insuffisants tous les individus qui m'entourent. Ce sont tous des imbéciles. Je pense que seul un être comme vous me comprendra. » La lettre resta sans réponse. Il lui écrivit à plusieurs reprises, mais toujours sans recevoir la moindre réponse. Il décida de rendre visite au producteur, dont il avait trouvé l'adresse dans une sorte de Bottin mondain. Le producteur vivait seul dans un appartement situé au bord d'une rivière, dans le quartier Yodatani, à Tôkyô. « Je vous ai écrit plusieurs fois », fit-il en guise de salutations. « Tu ne crois pas que tu t'es trompé d'adresse ? hurla le producteur. Ecrire des lettres pareilles, aussi prétentieuses... Pour un type avec ce Q.I... T'es qu'un petit con, oui ! Dans le centre de Bali, il y a au moins deux cents clubs, eh bien, ce sont des clubs réservés aux individus dotés d'un Q.I. supérieur à deux cents. Il y a beaucoup de Japonais parmi les membres de ces clubs, pour la plupart des agents de change ou des courtiers. Et leur Q.I., c'est ça. Toi, tu n'es qu'un blanc-bec, un pauvre mec, un cul-terreux. » Kaoru se souvenait exactement de tout ce qu'il lui avait dit. Le producteur ne vivait pas dans un palais comme il l'imaginait, mais dans un appartement ordinaire. Il portait une chemisette de sport et transpirait à grosses gouttes. Il avait un short aux motifs étranges. Le producteur lui avait claqué la porte au nez. Kaoru avait longtemps marché au bord de la rivière Tama. Il ruminait. « C'est que du bluff. Il n'est pas de ma trempe, ce type. Ses films sont peut-être pas mauvais, mais si on regarde bien, on voit tout de suite que ce n'est pas un bon réalisateur. Il n'a aucune créativité. Juste bon à faire du fric. » Ce soir-là, il descendit dans un hôtel de luxe d'Asakasa. Un homme portant un costume bleu marine l'aborda pendant qu'il dînait au café. « Tu es étudiant, n'est-ce pas ? » lui demanda cet homme qui devait avoir dans la quarantaine. Kaoru n'avait encore jamais vu de près un homosexuel, mais son intuition lui dit qu'il n'en était pas un. « Je ne voudrais surtout pas que tu prennes mal ce que je vais te raconter, commença à dire l'homme en s'asseyant à sa table, en face de lui. En fait, ma femme est en ce moment dans une chambre de cet hôtel et elle attend un jeune homme dans ton genre. C'est un garçon que je connais, moi aussi, très bien. C'est en réalité le fils d'un parent éloigné. Je sais très bien ce que ma femme et ce garçon font ensemble. J'ai déjà eu plusieurs fois l'occasion de les voir car je les ai fait filmer en vidéo par un détective privé. Je ne te dirai pas ici ce qu'ils font. A vrai dire, rien d'extravagant. Rien de sexuel, en tout cas. Je voudrais te demander quelque chose. Si tu acceptes, tu seras bien sûr dédommagé. Je te donnerai cinquante mille yens. » La proposition de l'homme troubla Kaoru qui refusa. L'homme continua à faire les cents pas dans le café. Il avait l'air de chercher du regard un garçon de l'âge de Kaoru, puis il sembla renoncer et finit par aller s'asseoir sur une banquette dans le hall de l'hôtel d'où il regarda passer les gens. Le lendemain, alors qu'il attendait son avion à l'aéroport de Haneda, Kaoru tomba sur une émission de télévision. C'était un reportage sur une femme mariée dont on disait qu'elle venait d'être éventrée dans la chambre d'un hôtel d'Asakasa. L'hôtel où Kaoru était descendu. Kaoru repensa distraitement à l'homme au costume bleu marine et puis, sur le moment, à rien d'autre. Mais peu de temps après son retour à Kyûshû, il commença à ne plus pouvoir rien avaler. Il ne mangeait plus. Il avait faim, mais il ne pouvait rien avaler. Il vomissait le peu qu'il mangeait. Il finit par s'en inquiéter et décida de se rendre chez un médecin qui diagnostiqua une anorexie mentale. Kaoru n'en parla qu'à Koremizo qui déclara : « C'est plutôt rare, les anorexies mentales masculines. Il s'est passé quelque chose à Tôkyô ? Raconte. » Kaoru raconta. En parlant avec Koremizo, il se rappela très exactement le producteur et cet homme qui portait un costume bleu marine. Il se souvenait parfaitement du contenu de leur conversation. Cela remontait en lui comme si la mémoire avait été un être vivant doué d'une autonomie complète, comme une remontée de bile. Il ne faisait aucun effort particulier pour se souvenir. Les faits resurgissaient comme lors d'une crise de vomissements. Ils lui envahissaient le cerveau. Koremizo, qui savait pourtant beaucoup de choses, dit qu'il ne comprenait pas. Mais par la suite, il se mit peu à peu à éviter Kaoru. Depuis ce jour, Kaoru n'avait plus rien pu manger de solide. Il ne parvenait à avaler que des Calory Mate et il avait commencé à maigrir sérieusement. Comme ses parents étaient très inquiets et que Kaoru ne pouvait plus le supporter, autrement dit, comme il ne pouvait plus supporter l'inquiétude de ses parents, il était parti pour Tôkyô sans avertir personne, pas même Koremizo. Quand il avait débarqué à Tôkyô, il avait passé la plupart de son temps en compagnie d'amis rencontrés dans des clubs de musique de Shibuya et de Shinjuku. C'étaient des acteurs sans rôles, des filles qui posaient pour des photos érotiques, des filles de clubs sadomasos, des musiciens de rock. Cette vie n'était pas désagréable, mais il s'en était lassé rapidement. C'étaient tous des ratés. Il n'avait parlé à personne de son Q.I. A Shibuya et Shinjuku comme à Kyûshû, il ne réussissait toujours pas à avaler d'aliment solide. La première fois qu'il était venu dans ce café, c'était comme client. Des amis donnaient un concert pas loin et, au petit matin, il était venu avec le groupe boire un café. Tout le monde avait parlé du concert avec animation, puis le jour s'était levé. Et c'est alors que Kaoru avait vu la chose. Sur le moment, il n'avait pas compris d'où venait ce rayon de soleil. Mais une image, de la taille d'une feuille de papier A4, était soudain apparue sur le mur en plâtre. C'était un rayon de soleil qui, en se réfléchissant à travers le néon du cabaret situé en face, dans la galerie marchande, avait pénétré par la petite fenêtre rectangulaire et traversé le rideau et les feuilles d'une plante verte. L'ombre de cette plante appelée ficus benjamina qui grimpait sur le rideau en dentelle oscillait dans ce petit cadre tremblotant. Kaoru avait contemplé cette image, le souffle coupé. Il n'entendait plus la conversation de ses compagnons. Puis l'image avait disparu tout aussi soudainement qu'elle était apparue. Plus aucune ombre sur le mur en plâtre. Le film était terminé. Kaoru était retourné plusieurs fois dans ce café, à la même heure. Mais l'angle de réflexion du rayon et la saison avaient changé, et il n'avait pas pu revoir l'image une seconde fois. Il avait demandé à travailler dans le café. Huit mois avaient passé depuis cette fameuse nuit, mais il n'avait toujours pas revu l'image. Il ne fréquentait plus ses compagnons de Shibuya et de Shinjuku, et depuis qu'il avait commencé à travailler dans ce café en espérant revoir l'image, il parvenait à avaler de petites pâtes, du riz bouilli ou des bouillons.

Un nouveau client pénétra dans le café. Une femme d'âge moyen, tout à fait ordinaire. Pas une entraîneuse, ni une zonarde comme la jeune fille de tout à l'heure. Elle commanda un moka noir, sortit un livre de poche de son sac à main et commença à lire. En lui apportant son café, Kaoru se dit qu'il pourrait essayer de lui raconter l'histoire de l'image qui était apparue sur le mur en plâtre.

— Vous aimez les livres ? lui demanda-t-il en posant la tasse sur la table.

— Pardon ? Ah, oui. Pour passer le temps, répondit la femme. Elle avait les cheveux très courts, rasés de près sur la nuque. Elle avait posé son manteau sur le dossier de la chaise voisine, un manteau brun de bonne qualité, en cachemire, semblait-il. Elle portait un pull crème et une jupe d'un rouge sombre. Kaoru la regarda tourner les pages de son livre et trouva qu'elle avait de jolies mains.

— Je peux vous raconter une chose un peu étrange ?

— Une chose étrange ?

— Vous voyez le mur en plâtre, là ? Eh bien, l'hiver, en fait bientôt, au moment du solstice, il y a une image incroyablement belle qui apparaît sur le mur.

— Qu'est-ce que vous dites ?

— La lumière n'est pas très forte car les rayons du soleil sont bas, n'est-ce pas ? A travers la fenêtre, les oscillations des feuilles du ficus sont projetées sur le mur, comme des ombres chinoises.

Noriko se demanda pourquoi ce jeune garçon de café était aussi maigre. Un être humain peut-il maigrir à ce point ? Elle n'avait pas envie de parler, mais un sentiment étrange l'envahit, un sentiment qui la décida à ne pas l'ignorer. Elle se fabriqua un sourire de circonstance et acquiesça gentiment comme le garçon regagnait le comptoir.

X

YÛKO

Noriko but une gorgée de café et regarda sa montre. Il était un peu plus de deux heures du matin. Il y avait de la buée sur le verre qui couvrait le cadran de sa montre. Elle pensa que la buée avait dû se former en passant du froid de l'extérieur à la chaleur de l'intérieur du café. Noriko sortit des Kleenex de son sac à main et commença à frotter le verre de sa montre. Elle avait d'abord cru que la buée s'était formée à la surface du verre, mais elle eut beau frotter avec un Kleenex sec, elle ne parvint pas à faire disparaître la fine pellicule blanche. Elle humecta le mouchoir en papier dans l'eau du verre qu'on lui avait apporté avec le café et fit une nouvelle tentative. Inutile d'insister, pensa Noriko. Car si j'insiste, ça va sans doute recommencer. Ce genre d'exercice n'est pas bon pour moi. Surtout maintenant, en ce moment, en fixant cette montre, j'ai l'impression que les chiffres du cadran sont en train de m'aspirer. La montre était une Omega. Elle l'avait achetée, il y a plus de dix ans, dans un *duty free shop* lorsqu'elle était allée avec cet homme à Guam. Ou peut-être était-ce à Saipan, elle avait oublié exactement où. Elle faisait parfois des efforts pour ne pas se souvenir de cet homme. Mais parfois, cela ne la dérangeait pas.

— Je peux vous aider ?

Noriko leva la tête quand on lui parla. Le garçon de café qui était d'une maigreur extrême se tenait là, debout devant elle.

— Votre montre est cassée ?

Elle ne comprit pas tout de suite ce que le garçon disait. Non, ça ne va pas. Fais attention, se dit Noriko. Il a dû s'approcher pendant que j'étais occupée à regarder la montre.

— Non. Il n'y a pas de raison pour qu'elle soit cassée, répondit-elle au garçon. Il y a de la buée sur le verre et j'essayais de l'ôter.

— Ah bon ! Parce que je m'y connais un peu en petite mécanique. Mais je me mêle de ce qui ne me regarde pas. Excusez-moi.

Et sur ces mots, le garçon retourna lentement vers le comptoir. Je ferais mieux de trouver quelque chose à lui dire, pensa Noriko qui chercha désespérément quelque chose à dire. Mais en regardant le dos du garçon qui s'éloignait, elle ne réussit qu'à se souvenir de cet homme avec qui elle était allée à Guam ou à Saipan. Elle ne parvint pas à trouver un sujet de conversation. Elle sentit la douleur l'envahir. Une douleur qu'elle ne pouvait maîtriser. Ça y est, la douleur revient, soupira Noriko. C'était précisément pour la fuir qu'elle était sortie de chez elle et entrée dans ce café. Le garçon était maintenant trop loin pour lui parler, cela n'aurait pas semblé naturel.

Dans sa chambre, elle avait senti venir la douleur. Noriko a trente-deux ans et travaille dans une banque située dans le quartier d'Otemachi. Elle a commencé à travailler après avoir terminé un cycle universitaire court. Cela faisait maintenant plus de dix ans qu'elle occupait un emploi dans cette banque, mais elle avait dû s'absenter de longues périodes pendant lesquelles elle avait été hospitalisée. On l'avait affectée aux opérations de change parce qu'elle était douée en anglais. Elle occupait un poste de responsabilité bien supérieur, semble-t-il, à celui de l'employée qui avait suivi un cursus universitaire de quatre années et avait le même âge qu'elle. Mais cela finissait par n'avoir, en fait, aucune importance.

Quelle heure était-il lorsqu'elle avait senti venir la douleur ? Il lui semblait se souvenir que c'était juste après avoir dîné. Elle se rendit compte qu'elle avait oublié ce qu'elle avait mangé ce soir. Elle se souvenait d'avoir avalé rapidement quelque chose en rentrant de la banque. Un plat de cuisine italienne ? Mais elle se souvenait aussi, sans en être complètement certaine, du comptoir d'un restaurant très chic et très connu de cuisine japonaise, où elle avait bu seule une bière et savouré à petites bouchées des mets particulièrement exquis. Elle ne se rappelait pas non plus exactement quand cela s'était passé. Il y avait eu une époque où elle s'était entraînée à ne pas paraître triste aux autres clients lorsqu'elle buvait seule une bière ou qu'elle se mettait à manger, dans son coin, ce qu'on venait de lui servir dans de petites assiettes. Quand était-ce ? Juste après avoir quitté cet homme ou un peu avant notre séparation ? se demanda Noriko qui pensa aussi : En fait, cet homme ne compte plus. Oui, c'est exactement ça. C'est exactement comme le disait le psychologue, cet homme n'a été qu'un remplaçant du père, se dit Noriko. Remplaçant n'était pas le terme exact. Le psychologue avait utilisé une expression qui contenait une nuance différente qu'elle avait oubliée.

Plus elle cherchait à se rappeler où elle avait dîné, plus sa mémoire se faisait confuse. Sans doute au bar d'un hôtel, un bar à vins et fromages, c'était plutôt pas mal d'ailleurs. Cela faisait maintenant deux ou trois ans qu'elle parvenait à sortir seule dans les bars des hôtels. Un bar à Nishi-Shinjuku, un à Asakasa, un à Ginza lui étaient ainsi devenus familiers. Il n'y avait en réalité pas un seul endroit dans Tôkyô où une femme seule pouvait venir manger, une femme dont on ne remarquerait pas la tristesse. Il y en a encore moins en province. Noriko renonça à essayer de se rappeler où elle avait dîné.

Lorsqu'elle avait senti venir la douleur, elle avait décidé de sortir. Elle avait commencé à se maquiller. Elle s'était changée. Elle avait oublié si elle avait commencé par se maquiller ou par se changer. Se maquiller et se changer sont des rituels importants pour Noriko. Elle les accomplit chacun en prenant tout son temps. Pour autant que cela puisse se concevoir, elle y consacre un temps et des efforts considérables. L'an dernier, elle avait acheté une lampe à bronzer. Elle s'était dit qu'avec les bains de soleil, en plus du maquillage et du changement de toilettes, elle parviendrait à tuer le temps d'une manière plus efficace. Elle avait aussi eu envie d'un sauna, mais un vrai sauna aurait pris beaucoup trop de place chez elle, et les autres modèles, du style combinaison de sauna, n'auraient pas permis de tuer agréablement le temps.

Peu importe. Je me suis changée et je me suis maquillée, pensa Noriko. Sinon, je porterais le tailleur que j'avais à la banque et je ne serais pas maquillée comme ça. Le téléphone a sonné. Quand il a sonné, je me suis dit qu'il n'y avait pas de raison pour que je n'aie pas d'amis, mais aussi dans le même temps, que j'allais devoir parler de tout et de rien, de choses sans importance. Je ne sais plus ce à quoi j'ai pensé en premier. Le coup de téléphone, ce n'était pas une erreur. C'était une amie de lycée. Ryôko ? Natsumi ? Je crois que c'était l'une ou l'autre. Parmi mes amies de lycée, il n'y avait que ces deux-là pour téléphoner si tard. Au lycée pourtant, nous n'étions pas spécialement amies et je ne me souviens pas d'avoir vraiment discuté avec elles. J'ai oublié leur visage, mais je crois que Ryôko était plutôt grande et que Natsumi était sexuellement précoce.

— Comment ça va ?

Ryôko, ou Natsumi, avait engagé la conversation.

— Excellemment, répondit Noriko.

Elle n'avait pourtant pas de raison de se réjouir, mais voilà : c'était l'impulsion qu'elle avait eue sur le moment. Elle pensa que cette manière de dire :

« Excellemment » avait quelque chose de peu naturel. Alors qu'elle se sentait déprimée et que la douleur commençait à l'envahir, elle se demanda si elle n'avait pas voulu donner l'impression à Ryôko ou à Natsumi qu'elle était heureuse. Et cette expression, « excellemment », lui était venue inconsciemment. Elle trouva le mot étrange. « Je n'aurais jamais cru que ce mot se trouvait quelque part dans le disque dur de mon cerveau. » Elle sentit poindre la douleur en réfléchissant à la raison pour laquelle ce mot lui était venu et cessa aussitôt d'y penser.

— C'est vrai ? Ooh ! comme je t'envie, Noriko, avait dit Ryôko ou Natsumi, qui avait vraiment l'air admirative.

Noriko pensa que c'était bien la dernière chose à laquelle elle s'attendait. Cela lui fit tout de même plaisir. Elle décida de faire preuve de bonne volonté et se mit à parler affectueusement avec Noriko ou Natsumi.

— Moi, ça ne va pas du tout. Tu te souviens de ce que je t'ai raconté la dernière fois ?

Noriko qui ne se souvenait de rien répondit : « Bien sûr ! »

— Bien sûr ! Mais après, qu'est-ce qu'il s'est passé ?

— Eh bien, justement. Je peux te parler maintenant, ça va ? Tu as le temps, il n'y a personne ?

— Je vais devoir sortir, mais maintenant ça va.

— Tu vas sortir à cette heure ? Ma pauvre ! Le travail ? Non, pas pour le travail. T'as rendez-vous, n'est-ce pas ? Pardon, excuse-moi. Ça va alors ?

Moi, ça me déprime d'en parler. Je suis vraiment une imbécile. Et toi qui vas si bien ! Tu as toujours été une fille très claire. En plus, tu es intelligente. Je t'ai raconté que mon mec avait trouvé du travail ? Dans une société de jeux vidéo. Il touche un bon salaire. Je t'ai dit qu'il était plus jeune que moi ? Quand j'étais étudiante, il s'était même incrusté dans mon appart. On appelle ça le « concubinage », non ? Mais ça fait maintenant environ trois ans que je lui propose d'habiter de nouveau ensemble et il refuse. Qu'est-ce que ça veut dire, hein ? Le style : « Moi aussi, j'ai ma vie ».

Noriko se demande, en buvant une gorgée du café devenu tiède, comment il est possible qu'elle se souvienne aussi bien de cette conversation alors qu'elle a oublié le nom de la fille. Est-ce que ça, tout ça, c'est de ma faute ? Quand cela avait commencé, elle était à l'école primaire. Et cela lui était arrivé très naturellement. Elle était née dans la préfecture de Nagano, dans un joli petit village près d'un lac qui gelait pendant les mois d'hiver. Son père travaillait dans un magasin qui vendait des appareils électroménagers et sa mère occupait un emploi de bureau à la poste. Elle avait un frère qui ne parlait quasiment jamais. Son grand-père cultivait des légumes d'altitude et elle aimait sentir le parfum des choux et des laitues quand ils s'asseyaient l'été, au moment du coucher du soleil, au bord de la véranda qui faisait le tour de la maison. Son père était un homme très doux et sa mère avait de temps à autre des crises d'hystérie.

— Je suis sûre qu'il y a une autre femme derrière tout ça. Il a parfois des pochettes d'allumettes qu'on trouve dans les clubs de Ginza, tu sais, là où vont les beaufs, et il suffit que je lui demande ce que c'est pour qu'il se mette en colère ! Tu ne trouves pas ça bizarre ? Si la conversation tourne sur les entraîneuses de bar, il dit que le boulot d'hôtesse, c'est un boulot formidable ! Je trouve ça absolument bizarre.

Au début, elle n'avait pas prêté beaucoup d'attention à ça. Elle avait entendu cette voix alors qu'elle était assise sur la véranda. « Bienvenue », avait dit la voix. En regardant autour d'elle, Noriko avait constaté qu'il n'y avait personne. Elle n'en avait pas été surprise. Elle avait trouvé amusant d'entendre une voix alors qu'il n'y avait personne. Cette voix qui disait : « Bienvenue » ressemblait à celle que prennent les commerçants pour accueillir un client. En sortant faire les courses avec sa grand-mère, elle avait cherché à vérifier s'il n'y avait pas une voix semblable dans les différents magasins où elles se rendaient. Elle n'en avait pas entendu une seule de semblable.

Noriko se réjouissait à la perspective d'entendre la voix, mais quand elle avait commencé à lui répondre, assise au bord de la véranda, ses parents l'avaient emmenée à l'hôpital. Le médecin avait dit qu'il n'en connaissait pas la cause mais que ça se produisait souvent pendant l'enfance et que ça disparaissait en grandissant, qu'il n'y avait pas lieu de s'inquiéter. Mais Noriko n'avait pas guéri. A l'époque où elle était étudiante dans une université de Tôkyô, elle avait suivi une psychothérapie. A plusieurs reprises, on lui avait demandé de parler de son enfance. Au début, Noriko racontait comment, enfant, son père quand il avait bu la caressait autour des organes génitaux. Et aussi qu'elle avait été élevée par une femme qui passait son temps à dire du mal de son mari. Le psychologue avait déclaré qu'il ne pensait pas que ce soit une forme de sévices sexuels. Noriko avait pensé que ça n'avait, de toute façon, aucune importance. Mais elle ne pouvait s'empêcher de pleurer en parlant avec le psychologue et pleurer la déprimait.

— En général, le patient se réfugie dans ce genre d'hallucinations auditives quand il est confronté à des situations concrètes désagréables. Mais ici, nous n'avons pas affaire à un cas aussi simple.

Le psychologue avait dit quelque chose comme ça.

— Pourriez-vous me parler de ce symptôme plus concrètement ?

Noriko avait parlé.

Enfant, elle aimait beaucoup entendre cette voix.

— La voix commençait par dire : « Bienvenue » et j'avais la sensation qu'un monde s'ouvrait devant moi. Il était bien plus beau que la réalité, il avait un parfum très tenace et j'avais l'impression de voir quelque chose. Ce que j'apercevais était mou, comme les organes d'un animal, comme la ventouse externe d'un coquillage. Je ne pouvais pas en voir la totalité. Juste l'entrée. J'avais beau essayer d'avancer, c'était toujours l'entrée. A l'école primaire, je ne connaissais que ce petit monde, je ne pouvais voir cette chose molle que depuis l'entrée. Au lycée, comment dire ? Quelque chose de plus sexuel est apparu et j'étais, moi, là-dedans, présentée comme un cadeau. Je ne sais pas qui ils étaient exactement, mais les hommes qui vivaient là menaient une vie bien plus agréable que la mienne ou celle de ma famille. J'étais une sorte de cadeau que ces hommes s'échangeaient entre eux. Bien sûr, personne n'exprimait cela clairement depuis l'entrée de ce monde, les voix et les conversations restaient très vagues. Je ne percevais que des bribes. Oui, c'est ça, comme des suggestions. Vous comprenez ? Quelque chose comme ça. Quand la télévision est allumée, j'entends ce que racontent les animateurs comme des suggestions, alors je ne la regarde plus. Je n'écoute plus la radio pour la même raison. Je n'écoute plus non plus de musique s'il y a des paroles. Mais je ne veux pas dire que le son de la télévision ou de la radio est comme l'entrée de ce monde dont j'ai fait, petite, l'expérience sur la véranda. C'est plutôt une passerelle vers l'entrée de ce monde, l'entrée de l'entrée de ce monde. Je ne peux pas dire que cela me fasse très peur. Déjà petite, cela ne me faisait rien. Pour moi, il n'y avait pas de raison, je n'ai jamais pensé à chercher une raison. Il y avait la douleur et, seule, l'entrée de ce monde me libérait de cette douleur. La douleur, c'est la douleur. Je ne peux pas mieux expliquer. Mais je souffre. Je souffre tant que la douleur m'empêche de respirer. J'ai très mal au ventre, alors je me masturbe pour éloigner la douleur. Je me masturbe tellement que mon sexe se met à saigner. Ça s'est produit plusieurs fois.

— Je pense que si vous rencontriez un homme, un homme que vous aimeriez, tout cela s'arrangerait.

Voilà ce que le psychologue avait conseillé à Noriko. Noriko avait cherché un homme à aimer, mais n'en avait pas trouvé. Mais pendant qu'elle cherchait, l'entrée de ce monde lui en offrit un. Cet homme apparut dans un effluve d'eau de Cologne et proposa à Noriko de partir en voyage. Quand elle remplissait une fiche d'hôtel, ou encore en d'autres occasions, elle avait souvent l'impression de voir cet homme de ses yeux. Noriko avait été hospitalisée environ trois mois. Le livre qu'elle lit en ce moment, c'est cet homme qui le lui a conseillé. On ne connaît toujours pas la vraie nature de sa douleur. Dans cet hôpital, il y avait une autre femme qui souffrait d'une pathologie étrange. Cette femme pouvait entendre les signaux électriques qui circulent dans les câbles des magnétoscopes ou des téléphones. Elle les voyait aussi. Elle s'appelait Yûko. Ça c'est certain. Noriko avait eu plusieurs fois l'occasion de parler avec elle dans le jardin de l'hôpital. Cette fille, Noriko avait eu le sentiment qu'elle comprenait sa douleur. « La douleur, c'est la douleur », avait dit cette fille.

— Tout le monde croit que je mens quand j'affirme être capable de voir dans les câbles et d'entendre les signaux dans les cordons d'alimentation, que je cherche ainsi à fuir le souvenir pénible de ce que j'ai subi. Je n'y peux rien, moi, si je vois. En plus, je ne vois que des trucs dégueulasses. Mais ce n'est pas ça qui me fait souffrir. Et la douleur dont tu parles, c'est un peu ce que je ressens moi aussi. L'impression que la douleur existe d'une manière autonome. Cette douleur, elle n'est ni dans le corps ni dans les nerfs, elle existe à côté. Elle vient. Je ne sais pas d'où, mais elle arrive. Toi aussi, c'est pareil, n'est-ce pas ?

Noriko eut envie de passer un coup de téléphone. Et il n'y avait qu'une seule personne qu'elle pût appeler à plus de deux heures et demie du matin.

— Allô, c'est Noriko…

Elle utilisait le téléphone du café.

— Tu veilles ce soir, dis donc, Noriko, dit la femme qui ne dormait pas encore.

— Qu'est-ce que tu fais maintenant ? demanda Noriko.

— Je baise, répondit Yûko.

XI

KÔJI

— Tu baises ? Excuse-moi, je raccroche.

Et on raccrocha.

— C'était qui ? demanda l'homme qui s'agitait sur le corps de Yûko.

— Je n'en ai aucune idée, répondit Yûko. Elle a dit qu'elle s'appelait Noriko, ça je m'en souviens bien, mais je ne me souviens même pas de son visage. Je ne vois pas qui ça peut être.

— T'es vraiment une fille bizarre, dit l'homme, tout en continuant à baiser. Il faisait tout noir dans la chambre. Cette bougie, c'est dangereux. Ça peut foutre le feu.

— Ça peut bien foutre le feu, répondit Yûko en riant. J'en ai rien à foutre de la police. Je te l'ai dit tout à l'heure que j'avais passé pas mal de temps dans un hôpital psychiatrique, alors je peux bien faire n'importe quoi, on dira jamais que je suis responsable parce que je suis une malade mentale, une grave.

— Ouais, ça tu me l'as déjà dit. Mais c'est pas tellement ça le problème. Le problème, c'est plutôt que tu te mettes à rire quand on baise. Les mecs, ça les fait débander, tu comprends ? Et puis, pourquoi les gens comme toi sont pas à l'hôpital, pourquoi qu'ils se baladent dans la rue et qu'ils peuvent se payer des *teriyakiburger* dans les Mos Burger ? demanda l'homme en repoussant le corps de Yûko.

— Qu'est-ce que t'as ? Pourquoi t'arrêtes ?

Yûko n'était pas difficile pour la baise, mais elle détestait que l'homme se retire trop vite de son corps. Elle préférait encore que l'homme la pénètre brutalement plutôt qu'il se retire trop rapidement. Yûko se demanda si l'homme n'avait pas arrêté de la baiser à cause du froid qui régnait dans cette chambre où il n'y avait pas de chauffage. Elle l'avait rencontré un peu avant vingt-deux heures dans le Mos Burger situé devant la gare. Elle était venue acheter un *teriyakiburger* à emporter, et lui était assis dans la salle en train de manger des frites et de boire un jus de goyave. Leur regard s'était croisé plusieurs fois pendant que Yûko attendait que sa commande soit prête. Il l'avait suivie lorsqu'elle avait quitté le magasin. « Je voudrais te parler », avait dit l'homme. Il avait les cheveux teints en blond et la lèvre percée d'un anneau. Le genre de type qu'on croise souvent dans le coin, pensa Yûko qui le fit monter chez elle. Elle ne se sentait ni triste ni particulièrement seule. Yûko ne savait pas ce qu'était la tristesse. Ils avaient commencé à baiser après avoir parlé de tout et de rien pendant une éternité.

L'homme fut d'abord surpris qu'il n'y ait pas d'électricité dans la pièce. Yûko lui expliqua en l'embrassant qu'elle détestait le bruit émis par le câble électrique du *kotatsu*. Elle lui dit aussi qu'elle pouvait voir et entendre les signaux électriques qui circulent dans les câbles. L'homme lui demanda quelle sorte de musique elle pouvait bien entendre dans le câble du *kotatsu*. « Les Beatles ? » Et il s'était mis à rire. Yûko ne connaissait pas les Beatles. A part Wagner, elle n'écoute quasiment pas de musique.

Le symptôme était apparu il y a dix ans, elle était alors âgée de sept ans. Yûko n'était pas convaincue qu'on puisse appeler cela un symptôme, mais c'est ainsi que tout le monde l'appelait, à commencer par les gens de l'hôpital. Maintenant, cela n'avait en fait que peu d'importance.

Tout avait commencé lorsque son pappy avait acheté un magnétoscope. Son pappy avait ouvert une école privée de cours de rattrapage dans sa maison de Yokohama, dans le quartier de Kodai. Ce n'était pas réellement son grand-père. Elle n'avait pas encore un an quand elle avait été séparée de ses parents. Ses parents étaient très jeunes, sa mère avait quinze ans et ils n'étaient pas mariés. On leur avait retiré la garde de Yûko car ils n'avaient pas les moyens de l'élever et, à l'âge de deux ans, elle avait été confiée à ce pappy. Il lui avait dit de ne l'appeler ni papa ni père, mais pappy. A quatre ans, elle ne comprenait pas pourquoi elle devait l'appeler pappy et non pas papa. Le pappy avait commencé à caresser le corps de Yûko qui ne savait pas si ces gestes avaient ou non une signification particulière. Le pappy caressait le corps de Yûko tous les soirs. Il lui interdisait d'en parler à quiconque. Il lui touchait diverses parties du corps et lui demandait aussi de le caresser. Yûko touchait le corps de son pappy aux endroits qu'il lui indiquait. Mais le pappy n'avait jamais d'érection.

Yûko vivait à présent en effectuant des allers-retours entre l'hôpital et cet appartement. Elle revoit quelquefois son pappy. Ils vont manger ensemble au restaurant, ou encore visiter des expositions de peinture ou de photos. Les lieux d'exposition sont toujours paisibles, et c'est un des rares endroits où Yûko aime se rendre. Elle rencontre aussi, mais beaucoup plus rarement, les deux qui l'ont créée. Si ces deux-là sont à présent mariés chacun de leur côté, ils viennent ensemble rendre visite à Yûko pour aller ensuite déjeuner au restaurant, dans un hôtel. Ils échangent des banalités, mais Yûko ne regardant pas la télévision et n'écoutant pas la radio, les sujets de conversation sont rapidement épuisés et ils finissent la plupart du temps par rester tous les trois silencieux. Si au moins ces deux-là aimaient la peinture, se disait souvent Yûko. Les tableaux sont paisibles, calmes. Les signaux qu'émet un beau tableau sont très doux et la rassurent.

Le symptôme s'était manifesté le jour où son pappy avait acheté un magnétoscope. Il regardait un film intitulé *Le Voyage fantastique*, Yûko était installée de sorte qu'elle ne pouvait pas apercevoir l'écran du téléviseur. « Arrête », avait dit Yûko. Ce film qui racontait une histoire se déroulant à l'intérieur d'un corps humain lui donnait envie de vomir. Son pappy s'était assuré plusieurs fois que Yûko, de l'endroit où elle se trouvait, occupée à jouer avec ses cubes, ne pouvait pas apercevoir l'écran, même dans le reflet du miroir. Lorsqu'il avait compris qu'elle ne pouvait absolument pas voir l'écran, il avait été très étonné et avait décidé de procéder à une série de tests. Il n'arrivait pas à comprendre pourquoi Yûko réussissait parfois le test et parfois non. Quand la bande magnétique commençait à défiler, les signaux passant par la fiche jaune du câble « image » formaient, selon les cas, des images claires ou brouillées dans le cerveau de Yûko et il était impossible d'en déduire quoi que ce soit : le phénomène ne semblait présenter aucune régularité et ne dépendre d'aucune condition particulière. Avec *Mon voisin Totoro*, elle percevait les images très distinctement, mais avec *E.T.*, les images apparaissaient complètement déformées dans son cerveau. Son pappy prit bientôt conscience qu'un phénomène identique se produisait avec les sons. Yûko saisissait le contenu des conversations téléphoniques. Elle réussissait aussi à entendre les sons des cassettes lorsque les enceintes n'étaient pas branchées. Mais ce n'était pas de la musique qu'elle percevait. Les sons n'étaient pas reconstruits dans son cerveau en tant que musique. Son pappy était un ancien professeur de mathématiques. Il était familiarisé depuis longtemps avec les ordinateurs et conclut que devait se trouver, quelque part dans le corps de Yûko, une sorte de logiciel capable d'analyser les signaux électriques qui formaient les images et que le système ne fonctionnait pas avec les sons. Yûko ne pouvait percevoir les signaux électriques circulant dans les câbles que dans un rayon de dix mètres environ. Elle ne percevait pas les ondes passant dans les câbles situés au-delà de dix mètres.

— Il va sans doute falloir t'interner dans un hôpital psychiatrique.

Voilà ce qu'avait déclaré son pappy dont on lisait la tristesse sur le visage. Elle entendait des sons qu'il n'y avait aucune raison qu'elle entende et voyait des images qu'il n'y avait aucune raison qu'elle voie. Dans la plupart des cas, Yûko ne percevait d'ailleurs pas de la musique, ce n'étaient pas non plus des conversations réelles et encore moins des images réalistes ou animées, mais un brouhaha, des images brouillées, comme sur une télévision mal réglée. Ces images la faisaient souffrir pour une raison qui restait inconnue. Yûko hurlait parfois de douleur et il lui arrivait même de perdre conscience. « Personne ne parviendra jamais à vraiment te comprendre, dit son pappy. On croira seulement que tu es un peu dérangée. Il y aura probablement même des gens pour dire que tu mens. Tu risques de passer ta vie dans un hôpital psychiatrique. Je ne sais vraiment pas quoi te conseiller, mais cela serait peut-être une solution si tu commençais à écrire des poèmes ou si tu te mettais à la peinture », déclara son pappy qui consultait souvent un médecin avec lequel il était arrivé à la conclusion qu'elle serait sans doute rejetée par les autres enfants à l'école et qu'elle risquait de souffrir de solitude. Yûko reçut donc son éducation élémentaire dans un hôpital psychiatrique. Son pappy envoyait les meilleurs professeurs de son école de cours de rattrapage à l'hôpital où Yûko était internée.

A l'hôpital, Yûko dut subir toute une série de tests destinés à cerner la nature du symptôme. S'il y avait un médecin qui refusait d'appeler cela un symptôme mais un pouvoir, pour Yûko, c'était évidemment la même chose.

Le phénomène était établi pour les câbles audio des magnétoscopes ou les lignes de téléphone, mais on comprit bientôt qu'elle était aussi capable d'émettre des signaux. C'est ce que les médecins découvrirent après plusieurs expériences. Le cerveau de Yûko émettait des signaux en direction des câbles. S'il s'agissait de mots, les signaux étaient de faible intensité. Si c'était l'expression d'un déplaisir ou d'une dénégation, les signaux étaient au contraire plus perceptibles. Les médecins réussirent à mesurer l'intensité de ces signaux dans le courant électrique circulant dans les câbles. Yûko n'aimait pas tellement émettre des signaux.

Le symptôme de Yûko ne se modifia pas sensiblement au fil des années. Il y avait des périodes où elle voyait, d'autres où elle ne voyait pas. Des périodes où elle entendait et d'autres pas. Mais dans un cas comme dans l'autre, le phénomène n'obéissait à aucune règle ni circonstance particulière. Les médecins remarquèrent cependant que Yûko semblait plus sensible à certaines voix de femmes, à certains instruments de musique, ainsi qu'aux images ayant un rapport avec l'eau. Yûko parvenait à saisir très distinctement les sons circulant dans les câbles des magnétoscopes, des enceintes ou encore du téléphone s'il s'agissait d'un certain type de voix de femmes et d'instruments de musique. Les voix de trois ou quatre sopranos ou altos, de plusieurs speakerines et actrices, ainsi que les violons ou l'instrument solo dans un orchestre. Les médecins cherchèrent un moment avec l'aide d'un spécialiste en électro-acoustique si ces voix et ces sons avaient ou non entre eux un point commun, mais ils ne purent tirer aucune conclusion probante. Les images d'eau étaient, en comparaison avec d'autres, plus distinctement formées. Les rides sur l'eau, les séquences de films se passant au bord d'une rivière, les paysages de ville sous la pluie, les images de cascades.

— Comment tu fais pour habiter dans un si chouette appart, si t'es si bizarre ? Ça doit être cher ? Le loyer. Les charges. Ça doit pas être donné, dis donc ?

Voilà ce que l'homme demanda à Yûko en approchant son sexe de sa bouche. Il lui caressa les lèvres pour qu'elle le suce. Yûko répondit que l'hôpital psychiatrique était très cool et sa famille très riche. Yûko qui n'aimait pourtant pas tellement sucer prit le sexe de l'homme dans sa bouche. Elle pensa qu'elle pouvait bien le faire, si ça lui faisait plaisir. C'était la même chose avec son pappy. En dehors du sexe, Yûko n'avait jamais l'occasion de faire plaisir à qui que ce soit.

— Mais alors… Par exemple, qu'est-ce que tu vois dans le câble du *kotatsu* ?

Yûko répondit, après avoir retiré de sa bouche le sexe de l'homme, que ce n'étaient pas des sons ou des images transformés en signaux électriques. C'étaient plutôt des sortes de grognements ou un bruit semblable à un bourdonnement d'oreilles. Pour les images, c'était comme des phosphènes produits par une lumière trop forte. Elle ajouta qu'on ne pouvait même pas appeler ça des images, et que ce n'était pas spécialement agréable.

— Allez, tu me fais marcher ! Tu baratines ! dit l'homme après avoir éjaculé dans la bouche de Yûko.

Yûko avala le sperme de l'homme et dit ensuite quelque chose comme : « Ça m'est bien égal si tu crois que je mens. » Elle trouva qu'il était difficile de parler avec l'intérieur de la bouche si pâteux.

— Si je téléphone à un pote, tu pourras me dire de quoi on cause ?

Elle ne pouvait pas capter les ondes émises par les portables et il n'y avait pas de téléphone dans son appartement. A la lueur des deux bougies qui trouaient faiblement l'obscurité de la pièce, l'homme passa rapidement ses vêtements. Il essaya ensuite d'ouvrir les tiroirs de l'armoire et ceux d'une étagère fixée au mur. Tous les tiroirs étaient fermés à clé. « Tu ferais mieux de ne pas faire ça, prévint Yûko. A l'étage en dessous habite un ami qui est chargé de me surveiller. Il y a un câble qui relie son appartement au mien et je peux très facilement lui envoyer un signal. S'il se passe quoi que ce soit, je dois émettre un simple "*No*". Il veille aussi longtemps qu'il voit la lueur des bougies dans la pièce. Si tu essaies de voler ou si tu cherches à me faire du mal, il va monter. Et je crois bien qu'il va te punir », expliqua Yûko. C'était la vérité. Ce garçon était employé par son pappy. Mais l'homme ne la crut pas et chercha un objet quelconque pour essayer de forcer les tiroirs de l'armoire. Yûko regarda fixement une sorte de câble à enceintes qui partait en direction de l'appartement situé à l'étage inférieur et elle envoya un signal. Un signal de déplaisir et de peur. Le garçon aurait dû apparaître aussitôt.

L'homme s'approcha de Yûko qui enfilait sa petite culotte : « File-moi les clés », demanda-t-il. Elle savait par expérience qu'il était dangereux de refuser, aussi traversa-t-elle les vingt-huit mètres carrés du salon tout en agrafant son soutien-gorge et se dirigea vers une étagère sur laquelle elle entreposait son matériel de peinture. Elle attrapa un trousseau de clés qu'elle tendit à l'homme. Le trousseau comptait toutes sortes de clés, les clés de chacune des pièces de l'appartement, des clés de bicyclette, des clés de meubles. Il y en avait en tout plus d'une trentaine. L'homme commença à chercher la clé qui correspondait aux tiroirs à la lueur de la bougie. La cire de la bougie coula sur sa main. Dans ces situations-là, Yûko se répétait les mots qu'elle devait absolument prononcer en attendant que monte le garde du corps. C'étaient les intitulés des questions d'un test psychologique utilisé à l'hôpital psychiatrique. Elle connaissait les intitulés presque par cœur pour avoir subi le test une bonne dizaine de fois. Des questions où il fallait répondre par « *Yes* » ou « *No* ».

Elle a déjà vu un fantôme. Il y a aussi des moments où, sous le coup d'une émotion, son corps refuse de se mouvoir comme elle le lui commande. Très souvent, elle ne parvient plus à respirer. Elle a quelques habitudes réputées mauvaises. Il y a eu une période où elle aimait les haïkus et les *tanka*. Elle ne soucie pas de savoir si elle a un beau visage ou non. Elle aime lire la Bible. Elle est convaincue que si elle avait eu un peu plus de personnalité, sa vie aurait été différente. Elle a horreur de la saleté. Elle aimerait passer à la télévision. Elle pense que beaucoup de monde se trompe sur sa conduite. Elle supporte plutôt bien la souffrance. Il lui est arrivé d'avoir du sang dans les urines. Elle ne fait pas confiance aux personnes qui ne respectent pas l'heure d'un rendez-vous. Si c'était possible, elle aimerait être architecte. Elle aime respirer les fleurs et leur parfum. Il existe certains animaux qu'elle déteste vraiment. Elle aimerait être amie avec toutes sortes de gens. Elle se demande toujours si elle n'est pas en train de devenir folle. Elle a pensé au moins trois fois qu'elle aimerait bien tirer au fusil sur les petits oiseaux posés sur les fils électriques.

Un autre homme apparut dans la pièce. Il se précipita sur le type qui cherchait la clé d'un tiroir et lui vaporisa au visage le contenu d'un petit spray. Le type qui s'apprêtait à ouvrir un tiroir s'écroula sur le parquet, la bougie toujours en main. L'homme au spray qui venait d'apparaître s'appelait Kôji. Mais Yûko préférait l'appeler plus familièrement Kôchan. Kôji ramassa la bougie qui avait roulé sur le sol, puis décocha un coup de pied dans le ventre du type à terre. Yûko ferma les yeux. Dans ces situations-là, Kôji était toujours cruel. Elle n'avait pas envie de voir ça. Elle continua à se murmurer les intitulés des tests psychologiques.

Elle a envie de rencontrer une personne qui passerait souvent à la télévision. Elle a fait l'expérience d'un nombre incroyable de choses mystérieuses. Elle se croit en bien meilleure santé que la plupart des gens. Elle a la sensation d'un sentiment d'incompréhension bloqué dans la gorge. Elle aime les blagues cochonnes. Elle a beau boire, elle n'est jamais vraiment saoule. Elle aime arroser les fleurs. Elle se fatigue vite en restant trop longtemps en compagnie d'une personne trop joyeuse. Sur un pont, elle a peur de regarder en bas. Elle aimerait se réincarner. Elle avait commencé un journal intime mais elle ne l'a pas tenu longtemps. Il y a des moments où elle a l'impression que son esprit quitte son corps. Elle ne joue jamais aux jeux où elle est certaine de perdre. Elle aime être prise en photo. Si la bière est bonne, elle retrouve la forme. Elle prie devant les statues du Bouddha. Elle a été élevée par une famille plutôt rigide. Son corps a une odeur. Elle déteste écrire des lettres.

Yûko finissait toujours par la question à laquelle elle avait été incapable de répondre. Savoir si sa mère, qui était une pauvre femme, avait été une personne honnête. Savoir si sa mère, qui était une pauvre femme, avait été une personne honnête. Savoir si sa mère, qui était une pauvre femme, avait été une personne honnête. Savoir si sa mère, qui était une pauvre femme, avait été une personne honnête. Savoir si sa mère, qui était une pauvre femme, avait été une personne honnête. Savoir si sa mère, qui était une pauvre femme, avait été une personne honnête. Savoir si sa mère, qui était une pauvre femme, avait été une personne honnête. Savoir si sa mère, qui était une pauvre femme, avait été une personne honnête. Savoir si sa mère, qui était une pauvre femme, avait été une personne honnête. Savoir si sa mère, qui était une pauvre femme, avait été une personne honnête. Savoir si sa mère, qui était une pauvre femme, avait été une personne honnête. Savoir si sa mère, qui était une pauvre femme, avait été une personne honnête. Savoir si sa mère, qui était une pauvre femme, avait été une personne honnête.

— Hé ! Ça va, Yûko ?

C'était Kôji qui parlait.

— M'ouais, répondit Yûko.

— Je vais balancer ce mec quelque part et je reviens. Tu ne laisses entrer personne avant que je sois revenu. D'accord ?

— Compris, dit Yûko.

Kôji se pencha en avant pour soulever l'homme couché sur le parquet.

— J'arrête pas de te le répéter, mais fais attention avec les bougies. Ça peut foutre le feu.

Puis il quitta l'appartement de Yûko.

XII

FUMI

Kôji fit quelques pas dans le couloir, prit l'ascenseur et sortit de l'immeuble. En face de lui se trouvait un panneau annonçant la construction prochaine d'un nouveau lotissement. L'immeuble de Yûko se situait exactement à mi-chemin entre Kawasaki et le quartier de Setagaya. Dans une clairière aménagée au milieu d'un petit bois, une seule construction était achevée. Les environs étaient plongés dans l'obscurité. Une odeur acide qui ressemblait à celle du pamplemousse émanait de la chevelure de l'homme que Kôji portait sur son dos. C'était une odeur qu'il ne connaissait pas, sans doute une eau de Cologne bon marché. Kôji se demandait pourquoi cette femme introduisait toujours ce genre de types chez elle. Cela se produisait quasiment tous les jours. Elle ramenait chez elle toutes sortes de types. L'homme, toujours inconscient, que Kôji portait sur son dos était d'un plus petit gabarit que lui.

Etait-ce le jour qui allait bientôt se lever ? Toujours est-il que le vent soufflait sur la rivière. Kôji pensa que c'était le vent qui venait de la rivière

Tama. Il ne ressentait pas le froid à cause du corps de l'homme qu'il portait sur son dos. Kôji était en réalité peu sensible au froid ou à la chaleur, et même à la douleur. Ce garçon n'avait pas des nerfs d'acier, non, il s'était entraîné. D'après Kôji, sa mère était une femme vulgaire. Il ne connaissait pas son père. Il avait toujours vécu avec sa mère et avait été élevé dans une petite ville située entre les préfectures de Kyôto et de Hyogo, dans un village au bord de la mer du Japon, un petit port qui sentait l'odeur du poisson séché. Sa mère vivait là avec un homme bien plus âgé qu'elle. Un autre enfant vivait aussi dans la maison de cet homme, une fille qu'il avait eue avec une autre femme. Elle s'appelait Fumi. Elle avait quatre ans de moins que lui. La mère de Kôji maltraitait souvent Fumi en l'absence de l'homme ou de Kôji. A l'époque, cet homme avait déjà presque soixante ans, il était membre de l'association des pêcheurs et siégeait au conseil municipal. Il possédait un terrain en montagne où il cultivait des champignons. Il avait un gros grain de beauté de la taille d'un œuf de caille au coin de l'œil droit. Ce grain de beauté avait coloré la peau autour de l'œil d'une teinte jaunâtre qui virait au rouge sombre quand l'homme avait bu. Dans les premiers temps, il avait été gentil avec Kôji, mais un soir où il avait trop bu, il l'avait tellement battu qu'on avait failli le conduire directement à l'hôpital. Kôji avait eu le malheur de dire que le grain de beauté ressemblait à la pupe d'un papillon. Il avait alors neuf ans. Depuis, l'homme battait Kôji quand il était saoul et sa mère prenait un plaisir pervers à verser de l'eau bouillante sur le dos de Fumi quand elle se trouvait seule avec elle et que personne ne pouvait la surprendre. Kôji n'apprit donc que beaucoup plus tard ce que sa mère faisait subir à Fumi.

La mère de Kôji quitta bientôt le domicile de l'homme et ils allèrent s'installer tous les deux à Ôsaka. Elle travailla dans un snack près de la gare de Tennoji. A l'école primaire, les autres élèves firent de Kôji leur souffre-douleur. Mais au collège, comme il avait beaucoup grandi, il attrapa fermement un jour un de ses camarades qu'il balança par la fenêtre de la salle de classe située au deuxième étage. Kôji cessa aussitôt d'être importuné. Le garçon en resta hémiplégique : un fragment de vertèbre avait pénétré dans la moelle épinière. Kôji fut arrêté par la police, passa en jugement devant le tribunal pour enfants et fut placé en maison de redressement. Lorsqu'on l'autorisa à retourner à l'école, la situation avait complètement changé. Il n'était plus l'objet de brimades. C'était lui la terreur. Kôji se souvient très bien du jour où il s'est rendu dans la chambre d'hôpital de l'élève hémiplégique. Il avait demandé pardon à l'élève assis dans son lit et avait savouré le goût de la victoire. Il venait d'apprendre que la violence était en ce bas monde un moyen radical de résoudre certains problèmes. Et la pensée lui vint qu'il devait éprouver le même sentiment de victoire qu'avait dû ressentir l'homme qui habitait dans ce village où flottait une odeur de poissons séchés.

Peu après son entrée au lycée, sa mère fut poursuivie pour une affaire de drogue. Elle avait déjà été arrêtée et condamnée à plusieurs reprises à des peines avec sursis, et cette fois-ci, on l'envoya en prison. Kôji fut placé en foyer. Il emménagea dans un bâtiment en bois, où il occupait une chambre de six tatamis. Il continua à aller au lycée. Cette chambre était située à côté d'un atelier de peinture de voitures d'où provenait un vacarme infernal qu'il devait subir douze heures par jour. Quand Kôji se retrouva seul, avec sa mère en prison, sa personnalité commença à se modifier. Il devint moins violent qu'auparavant et prit confiance en lui. Si l'éducateur qui le suivait avait cru que l'absence de sa mère aurait des conséquences négatives sur lui, en réalité, rien de tel ne se produisit. Au contraire, grâce à cette séparation d'avec sa mère, il se sentait libéré. Et libre, Kôji commença à comprendre que sa mère n'avait fait jusqu'à présent que le priver de quelque chose de très important.

L'été de sa seconde année de lycée, une épidémie provoquée par une espèce d'insecte parasite, trouvé dans un chargement de crabes importés, se déclara dans la région d'Ôsaka, Amagasaki et Nishinomiya. Cette espèce d'insecte parasite était appelée *gakôchyû* et Kôji se sentit mal sans vraiment savoir pourquoi, en regardant à la télévision un reportage qui lui était consacré. Le présentateur donnait des explications sur les caractéristiques de ce parasite. Le gakôchyû était une nouvelle espèce d'insecte parasite qui, s'il ne trouvait pas chez l'homme un terrain propice pour se développer complètement, pouvait vivre à l'état de larve dans le corps humain. Sa présence pouvait provoquer des lésions dangereuses s'il pénétrait dans le cerveau ou le système nerveux. Dans l'appareil digestif, il était la cause de diarrhées et de crises aiguës de vomissements, ainsi que de graves difficultés respiratoires lorsqu'il s'installait dans les poumons. En apparaissant à la surface de l'épiderme, la trace laissée par le passage de l'insecte parasite provoquait une légère inflammation. La télévision présenta une photo du parasite prise au microscope.

Kôji fut subjugué par la forme minuscule du parasite et son mode d'existence si particulier. L'insecte avait une allure qui lui donnait l'aspect effrayant d'un tramway microscopique. Et cette manière de ne jamais devenir adulte tout en continuant à circuler dans le corps humain le fascinait. Kôji passa en revue les souvenirs qu'il avait de sa mère et de cet homme qui vivait dans ce village où flottait une odeur de poissons séchés et pensa que le fait de devenir adulte était déjà une forme de corruption. Il trouvait que ce parasite circulant à l'état de larve dans le corps humain était, dans son genre, une sorte de petit héros. Kôji se mit à lire des livres consacrés aux insectes parasites.

Les anisakis et les lamboles, les insectes de Madagascar, les mansons buveurs de sang, les zuppinis. Un jour, pendant cet été où il s'appliquait à accroître sa connaissance des insectes, Fumi débarqua chez lui sans prévenir. Elle avait appris que

Kôji vivait seul à Ôsaka, depuis l'arrestation de sa mère. Elle s'était présentée au bureau de l'assistance sociale et avait dit qu'elle était une parente. On lui avait communiqué son adresse. Fumi avait douze ans. Elle dit à Kôji qu'elle s'était enfuie du domicile de cet homme. « J'avais décidé de m'enfuir dès que je serais grande, et de venir vivre avec toi. Mais tant que tu habitais avec ta mère, elle m'aurait maltraitée. Et puis, je ne savais pas où vous habitiez. » C'est ainsi que Kôji apprit ce que sa mère avait fait subir à Fumi. Cette nuit-là, Fumi se déshabilla et lui montra sur son dos, dans son cou et sur ses fesses, les cicatrices provoquées par les brûlures. Elle lui dit que c'étaient les traces laissées par l'eau bouillante que sa mère lui versait sur le corps après l'avoir attachée avec un tuyau d'arrosage ou du fil de fer. Kôji ne douta pas de ce que Fumi lui raconta. En y repensant, il comprit ce qu'il y avait eu d'anormal dans le comportement de sa mère à cette époque. Cette manière de regarder Fumi, par exemple. Kôji se mit à pleurer sans savoir pourquoi, et demanda pardon à Fumi. Dans cette pièce de six tatamis envahie de spécimens, de maquettes et de photos prises au microscope d'insectes parasites, dans le sifflement strident du compresseur situé dans l'atelier de peinture voisin, Fumi déclara qu'elle accepterait de lui pardonner, à lui ainsi qu'à sa mère, à la condition qu'il lèche ses cicatrices. Kôji ne comprit pas ce que cet acte pouvait avoir de sexuel. En faisant l'amour pour la première fois avec cette fille de douze ans avec laquelle il avait vécu enfant, il eut le pressentiment qu'elle aussi allait le priver de quelque chose de très important. Fumi resta trois semaines dans l'appartement de Kôji, jusqu'à ce que l'homme vienne la chercher pour la ramener chez lui. En trois semaines, Kôji perdit tout intérêt pour les insectes parasites. Lorsque sa mère annonça qu'elle allait bientôt être libérée, il s'enfuit à Yokohama. Il venait de commencer à étudier la cuisine dans le Chinatown de la ville lorsqu'il avait été recruté par le tuteur de Yûko.

Kôji devait passer toutes ses journées dans un appartement situé au-dessous de celui de Yûko. Mais cela lui était bien égal. Il passait son temps à lire des mangas ou à regarder des vidéos. Yûko l'invitait parfois à manger ou à aller visiter une exposition. Elle lui demandait parfois de lui lire des livres d'images. Et quand il avait terminé de lui faire la lecture, elle se déshabillait et lui proposait systématiquement de faire l'amour. Mais Kôji refusait toujours. Quand elle lui demandait si elle ne lui plaisait pas, il répondait que cela n'avait rien à voir, qu'il détestait la sensation d'un autre corps contre le sien. Yûko n'était pas convaincue par cette explication, mais elle n'essaya jamais de le forcer. C'était inutile. Elle lui demandait seulement en contrepartie de la regarder se masturber. Alors Kôji regardait Yûko se masturber et attendait qu'elle parvienne à l'orgasme tout en mangeant des pâtes instantanées, un *mosburger* ou une pizza qu'il avait fait livrer.

L'homme qui était resté inconscient à cause de l'ammoniaque que lui avait vaporisé Kôji, rouvrit les yeux. Il venait de reprendre conscience. L'effet du produit se dissipait peu à peu, mais l'homme était encore incapable de parler ou de se lever. Il avait à peu près le même âge que lui. Comme il ne savait pas encore à quel type il avait affaire, Kôji décida de l'observer un moment. Du collégien rentrant de l'école du soir au yakuza, Yûko faisait monter chez elle tous les types possibles et imaginables. S'il s'agissait d'un type aux cheveux teints, au nez ou à l'oreille percés d'un anneau, il n'y avait en général pas trop de problèmes. Il suffisait de le menacer un peu et il ne s'approchait pas une seconde fois de cette femme. Il s'enfuyait en rampant, à plat ventre et en demandant pardon. Le danger, c'étaient les types psychologiquement fragiles.

L'homme voulut crier quand il comprit où il se trouvait. Ça se voyait aux mouvements de sa bouche, à la contraction des muscles des joues et de la mâchoire. Kôji frappa l'homme au visage avec un bâton. Il lui brisa le nez et du sang jaillit de la lèvre éclatée. Le cartilage du nez est facile à briser et l'adversaire perd tout de suite toute envie de résister. Kôji lui demanda son permis de conduire ou une pièce d'identité. L'homme agita la tête pour dire qu'il n'en avait pas et Kôji lui donna un nouveau coup sur le nez déjà brisé. Le bas du visage de l'homme était couvert de sang. Kôji s'occupait toujours des hommes que Yûko introduisait chez elle en les emmenant dans cet endroit situé dans une rue longeant le terrain vague d'un futur lotissement. Pas la moindre habitation, ni personne. Un remblai de terre isolait complètement le lieu. Si l'on marchait cent mètres, on tombait sur une large avenue où passaient des taxis, ce qui était pratique quand Kôji les libérait. Kôji ne sait pas s'il aime ou non la violence. Il y avait des moments où il se sentait mal en frappant ces types et d'autres où ça l'excitait. Les cas où il se sentait mal et ceux où il s'excitait n'étaient pas clairement définis. Cela ne semblait pas lié à la personne à laquelle il avait affaire.

Kôji était convaincu que Yûko aimait la violence. Il y avait une femme que Yûko faisait parfois venir après l'avoir appelée au téléphone. Une femme dans la trentaine appelée Kana. Une spécialiste dans son genre qui arrivait de temps en temps avec un fouet. Yûko lui avait raconté comment ça l'excitait de flageller les fesses, le dos ou les seins de Kana. Elle riait toujours bruyamment en regardant Kana pleurer et hurler. Kana avait le dos et les fesses couverts de cicatrices et ses seins, dont la peau était étrangement plus tendre, tombaient comme ceux d'une vieille femme. Si ça n'avait pas été cette femme… se répétait souvent Kôji. Si ça n'avait pas été cette femme… Mais une femme plus jeune à la peau plus ferme, quelle sensation cela produirait-il de la frapper jusqu'au sang sur les seins et les fesses ? En repensant aux trois semaines passées avec Fumi à Ôsaka, il comprenait maintenant ce que cette période avait eu de particulier. Fumi n'avait que douze ans, mais elle connaissait tout sur le sexe, y compris le fait de se retrouver enceinte. Il n'avait jamais pris avec Fumi ce qu'on aurait pu appeler un vrai repas et passait la journée allongé sur un futon à lécher son corps nu. Le corps dénudé de cette fille de douze ans qui prenait le sexe gonflé de Kôji luisait, humide, couvert de diverses sécrétions, sous les rayons de soleil pénétrant dans la chambre, un corps éblouissant et aveuglant comme s'il avait été phosphorescent. Kôji trouvait très belles les innombrables cicatrices sur le dos de Fumi. Le bruit du compresseur de l'atelier de peinture lui semblait de la musique. Fumi vivait à Tôkyô depuis un an.

Kôji, qui ne savait toujours pas si ça l'excitait ou non de frapper cet homme, lui planta la pointe du bâton dans un œil. L'homme hurla et se mit à pleurer. Il commença à marmonner des propos que Kôji ne comprit pas. En se tortillant, il fouilla dans une de ses poches et lui tendit une pièce d'identité. C'était une carte d'une société de surveillance de nuit. « File-moi aussi ton permis de conduire », demanda Kôji. « J'en ai pas », hurla l'homme qui crachait du sang et qui retourna, pour les lui montrer, les poches de son pantalon, de sa veste et de sa chemise.

Kôji lui dit, en lui saisissant la tête par les oreilles, qu'il allait sans doute le tuer. « Je crois bien que je vais te crever. Je crois bien que tu vas mourir. Tu le sens, ça », lui répéta-t-il à l'oreille, en se demandant vraiment s'il allait le tuer. L'homme semblait paniqué et voulut se débattre. Kôji prit une poignée de terre et la lui enfonça dans la bouche. Il chercha à se souvenir du nom des insectes parasites qui se trouvaient dans cette terre qu'il enfonçait dans la bouche de l'homme en prenant garde que le type ne le morde pas. Le nom de *kagimushi* lui revint tout de suite en mémoire avec une pointe de nostalgie. On l'appelait autrefois l'insecte du duodénum. En 1838, soit l'année suivant l'insurrection conduite par Oshio Heihachirô, dans la ville de Milan, un homme du nom d'Angelo Zuppini avait découvert au cours d'une dissection cet insecte parasite à l'intérieur du duodénum. Et c'est la raison pour laquelle on l'avait ensuite appelé en japonais le *zuppini-mushi.* Les œufs que le Milanais avait trouvés dans les excréments avaient bientôt donné naissance à des larves d'une taille d'environ 0,3 millimètre. L'été, en grandissant, ces larves devenaient en trois ou quatre jours des parasites infectieux qui pénétraient dans le corps humain par la peau ou la bouche s'ils se trouvaient mélangés à des légumes. Ils atteignaient leur taille adulte en presque deux mois. Le parasite adulte mesurait environ un centimètre et se nourrissait de sang. Un zuppini-mushi se nourrissait donc d'environ 0,2 centimètre cube de sang chaque jour. Avec une centaine de spécimens, cela faisait vingt centimètres cubes de sang consommés par jour. Quand on l'écrasait entre ses doigts, l'insecte sorti de la vermine explosait littéralement en libérant une giclée de sang. Vu au microscope, il avait l'aspect d'une graine.

— Je vais te laisser partir, mais ne t'amuse pas à prévenir les flics, annonça Kôji. L'homme acquiesça. Il inclina plusieurs fois la tête et commença à recracher la terre qu'il avait dans la bouche. Kôji le libéra après lui avoir remis sa pièce d'identité dans la poche. Quand il se fut éloigné de Kôji d'environ deux ou trois cents mètres, l'homme se mit à parler tout seul. Kôji essaya de tendre l'oreille, mais il ne parvint pas à saisir ce qu'il disait. Il pensa à Fumi qui travaillait dans un *lingerie pub*[1] de Kabuki-chô à Shinjuku. Elle venait d'avoir dix-sept ans. Kôji avait réussi à reprendre contact avec elle en appelant cet homme qui habitait dans ce village où flottait une odeur de poissons séchés. Il se souvenait du numéro de téléphone. Il regarda sa montre. Il était presque quatre heures du matin. Elle devait être rentrée. L'appartement de Fumi était situé à Ôkubo. Kôji n'y était encore jamais allé. Elle n'était venue le voir qu'une seule fois car Yûko s'était mise en colère et elle avait dû repartir tout de suite. Yûko n'entretient en réalité aucune relation avec les autres êtres humains. Elle ne sait pas comment il faut faire pour s'approcher d'autrui. Elle se fâche dès que Kôji parle ou simplement regarde une autre femme. Kôji ne proteste jamais. Le pappy de Yûko le paie très correctement.

L'homme marchait sur l'avenue qui conduisait à la gare. Kôji distinguait encore la silhouette de l'homme qui ne se retourna pas une seule fois. Il

1. Bar où les serveuses évoluent en sous-vêtements.

continuait à cracher de la terre. J'aurais dû le cogner un peu plus, pensa Kôji. C'est toujours comme ça que cela se passait. Il regrettait toujours après les avoir libérés de ne pas les avoir battus un peu plus, ou même de ne pas les avoir tués. Dommage ! pensa-t-il. Il regarda l'homme s'éloigner sur l'avenue, puis entra dans une cabine téléphonique toute proche.

— Allô !

— C'est moi…

Fumi avait toujours la voix éraillée.

— C'est moi…

Kôji aurait aimé que Fumi ne se trouve pas en compagnie d'un homme.

— Qui ça ?

Mais Fumi ne pouvait pas s'endormir si elle n'avait personne près d'elle.

— C'est Kôji !

Il comprit qu'il y avait un homme chez elle. Il gardait de bons souvenirs de Fumi. Mais il ne fallait jamais se faire trop d'illusions avec les êtres humains et ce, quels qu'ils soient.

— Ah, p'tit frère… répondit Fumi qui pensa aussi qu'il devait avoir encore battu quelqu'un.

« Cet homme, il me téléphone systématiquement après avoir cogné sur quelqu'un. »

XIII

TOSHIHIKO

Fumi avait appelé l'homme « p'tit frère », mais c'était uniquement pour lui faire plaisir. A quatre heures du matin, elle regardait un film à la télé en mangeant un *onigiri* et une salade de macaronis qu'elle avait achetés au drugstore du coin. Elle avait pris le film en plein milieu et ne comprenait absolument rien à l'histoire sinon qu'il s'agissait d'un film policier américain et que l'*onigiri* qu'elle avalait comme à son habitude après l'avoir longuement mastiqué n'avait aucun goût. Il avait fait si froid hier soir que les rues de Kabuki-chô étaient désertes et que le pub avait fermé à trois heures. En temps normal, il restait ouvert jusqu'à cinq heures, qu'il y ait encore ou non des clients. Le patron avait décidé de fermer après que le rabatteur était rentré transi de froid en déclarant qu'il n'y avait personne dehors. Le rabatteur se trouve à présent dans la chambre de Fumi. C'est un ancien employé de bureau, il a dans les vingt-cinq ans. Il porte un costume bon marché sur un pull noir à col roulé. Il dort souvent sur une banquette du pub car il n'a pas d'autre endroit où dormir. Il a peut-être bien plus de trente ans, mais à

Kabuki-chô, personne ne cherche réellement à savoir ni le nom ni l'âge véritable de chacun. Cet homme était déjà venu dormir plusieurs fois chez Fumi. Ils couchaient dans le même lit mais il ne se passait jamais rien entre eux.

Fumi entendit que l'homme qu'elle appelait « p'tit frère » disait dans le récepteur du téléphone que cette femme bizarre avait encore ramené un type chez elle. « Cet homme n'a décidément pas d'autre sujet de conversation. Avant, il me parlait souvent des insectes parasites mais on dirait que ça lui est passé. » Fumi n'écoute pas. Non qu'elle ne veuille pas écouter, mais ce qu'il disait lui entrait par une oreille et ressortait par l'autre. Autrefois, cet homme qui travaille maintenant comme garde du corps d'une femme bizarre téléphonait plus souvent. Surtout après qu'elle était allée chez lui. Il l'appelait alors presque tous les jours. Puis la fréquence avait peu à peu diminué et il téléphonait désormais plus ou moins une fois par mois. Avant que l'homme ne raccroche, Fumi fit les réponses qu'il convenait, tout en faisant tourner distraitement avec sa langue des morceaux d'*onigiri* dans sa bouche. « Bon, ben à la prochaine », fit l'homme avant de raccrocher. Il avait continué à parler jusqu'au moment où il s'était rendu compte que Fumi ne s'intéressait absolument pas à ce qu'il racontait.

Fumi adorait cet instant. L'instant où l'interlocuteur se rendait compte qu'elle ne s'intéressait pas à ce qu'il disait. Non pas la déception qu'il pouvait éprouver, mais la sensation d'avoir réussi à disparaître sans que son interlocuteur se rende compte de rien. L'instant où l'interlocuteur se sentait soudain désemparé. Autrefois, elle avait été une fan de *L'Homme invisible*, mais elle avait désormais compris qu'il n'était pas nécessaire d'être réellement invisible. Mettre gentiment l'interlocuteur en confiance, puis parvenir, sans vraiment modifier son comportement, à lui faire prendre conscience, sans le mettre en colère, qu'elle ne s'intéressait absolument pas à ce qu'on lui racontait. « Appelle-moi encore, p'tit frère », dit Fumi tout en vérifiant que le morceau d'*onigiri* s'était transformé en bouillie dans sa bouche. Elle habitait un appartement d'une pièce-cuisine d'où l'on apercevait les tours de Shinjuku. Cet appartement lui plaisait beaucoup bien qu'il fût situé à un premier étage donnant sur une rue où passaient de nombreuses voitures pendant la journée. Il lui coûtait environ deux cent mille yens par mois, charges comprises, mais ce n'était pas une somme impossible à réunir avec son travail au *lingerie pub* et les clients qui la demandaient par l'intermédiaire des messageries spécialisées. Le rabatteur avait quitté sa veste. Il s'était arrondi devant le radiateur électrique et buvait une bière. Il interrogea Fumi : « Tu n'as pas de poêle à pétrole ? — Non », répondit-elle. « Ah bon », murmura-t-il. Puis en silence, il continua à boire lentement sa bière.

Le mot « poêle à pétrole » rappela brutalement à Fumi un passé lointain. Il y avait nécessairement un poêle à pétrole dans chaque maison du port de pêche de la mer du Japon où elle était née et avait grandi. On les installait au changement de saison quand se mettait à souffler un vent glacial venu de la mer. Il y en avait aussi dans d'autres maisons du village, par exemple dans le bâtiment où se réunissaient les pêcheurs et leurs femmes pour bavarder en buvant du thé, ou encore dans le local du syndicat des mareyeurs où les hommes se retrouvaient entre eux pour tuer le temps. Quand elle rentrait du jardin d'enfants ou de l'école, poursuivie par les flocons de neige crachés par la mer, l'odeur de pétrole la prenait à la gorge en pénétrant dans ce local qui empestait aussi la fumée de tabac et les haleines alcoolisées des hommes. Le lieu n'était jamais aéré, l'atmosphère y était malsaine. Elle avait du mal à respirer, mais elle ne se voyait pas quitter la pièce. Elle pensait qu'elle était obligée d'être là. Par les fenêtres, malgré la buée et la crasse, on apercevait la mer, informe, gris sombre, et la silhouette d'une chaîne de montagnes sans intérêt. Les flocons de neige venaient se coller à la vitre où ils étaient instantanément transformés en gouttelettes d'eau. Fumi pensait que l'épaisseur de cette vitre sale formait la frontière. A l'intérieur flottait un air vicié, une atmosphère chaude et étouffante ; à l'extérieur, tombait une neige fondue, lourde. Enfant, il lui arrivait souvent de penser comme il serait bon de pouvoir trouver un endroit situé entre ces deux univers. Elle se demandait si elle ne pourrait jamais réussir à devenir, elle-même, cette vitre à la frontière entre l'intérieur et l'extérieur.

Mais elle avait beau chercher, c'était sans espoir. Il lui arrivait pourtant d'avoir l'impression de se trouver à la frontière entre le froid et le chaud. Cela se produisait quand elle faisait l'amour avec un homme qu'elle ne connaissait pas. Peu importait l'homme. Au moment exact où, après s'être longuement sucés et caressés, elle percevait l'expression si singulière de l'homme qui éjaculait en elle tout en la serrant très fort dans ses bras. A ce moment précis, elle avait froid : froid comme si une partie de son corps et de son esprit marchait dans la neige. Mais elle avait aussi chaud comme si une autre partie d'elle-même se trouvait encore près du poêle à pétrole. C'était une sensation qui ne durait jamais longtemps et disparaissait.

Ce ne sont pas des souvenirs qui flottent dans la mémoire de Fumi. Mais une chose plus physique, qui vit tapie à l'intérieur de sa chair. Une force qui la saisit soudain quand elle entend un certain mot ou sent une certaine odeur, un frôlement. Une énergie qui se concentre dans son sang et remonte brutalement à la surface de l'épiderme. Seul le souvenir de ce village du bord de mer était réel. Elle avait alors la sensation que dans la pièce aseptisée où se trouvait le radiateur électrique, plus rien n'avait de consistance. Comme si tous les aliments avaient le même goût.

Fumi ne se rappelait plus quand cela avait commencé, mais elle ne sentait quasiment plus le goût des aliments. Si elle se souvient encore du goût du lait sucré qu'elle buvait enfant, le lait n'a désormais, lui non plus, aucune saveur. Enfant, elle trouvait ça normal et pensait que tous les aliments avaient le même goût. Les saveurs ne sont que de simples stimuli. Des stimuli semblables aux sensations de douleur ou de froid. C'est ce qu'elle avait raconté au premier homme qu'elle avait rencontré en arrivant à Tôkyô. Elle avait oublié son nom et son visage, mais elle croit se souvenir que son travail consistait à livrer des choses très lourdes. Il transportait des pierres ou des blocs d'acier dans son camion. Cet homme l'avait abordée alors que, à peine arrivée à Tôkyô, elle était en train de boire une canette de thé achetée à un distributeur automatique en face de la gare. Elle l'avait suivi jusque dans son appartement et avait habité chez lui un peu plus d'un mois. Un jour qu'ils étaient en train de manger des sushis sous cellophane, Fumi ne remarqua pas le goût acide de pourriture qu'ils avaient. L'homme trouva étrange que personne n'ait prêté attention à cela jusqu'à présent. Fumi répondit que c'était parce qu'elle mangeait souvent seule. « Tu ferais mieux d'aller à l'hôpital parce que c'est pas normal. Si on te soigne pas et si tu avales quelque chose de pourri, ça pourrait être dangereux. »

Elle prit d'abord rendez-vous à l'hôpital proche du domicile de cet homme. Mais il lui dit qu'elle ferait mieux d'aller dans un grand hôpital, et il lui indiqua un centre hospitalier universitaire situé près de Shinagawa. Au centre hospitalier universitaire, on ne comprit pas non plus la cause du phénomène. Elle dut y retourner plusieurs fois et ses connaissances médicales sur le goût augmentèrent car elle fut bien obligée d'écouter les nombreuses explications du médecin. Le médecin déclara qu'on ignorait encore beaucoup de choses concernant le mécanisme du goût. Les saveurs sont perçues par de petits récepteurs situés sur la langue. Ces petits récepteurs se trouvent sur les pigments rugueux à la surface de la langue que les aliments introduits dans la bouche viennent frôler. L'excitation ainsi obtenue est ensuite transmise au cerveau par le système nerveux. Il n'y a pas que les êtres humains qui possèdent la sensation du goût. De nombreux animaux perçoivent le goût par d'autres organes que la langue. Certains poissons possèdent un organe situé sur la tête ou sur les nageoires ventrales qui leur permet de percevoir les saveurs. Certains insectes ont un organe similaire, très sensible, au bout des pattes. Selon certaines études récentes, il n'y aurait, en dehors de l'homme, que les abeilles et une variété de poissons d'eau douce qui soient capables de reconnaître les quatre saveurs, sucré, salé, amer et acide. Le goût apparaît dès la naissance et le nouveau-né est tout de suite à même de reconnaître le sucré, la reconnaissance des autres saveurs a lieu ultérieurement. Le médecin dit aussi que c'était la première fois qu'il voyait quelqu'un dépourvu de la faculté du goût. Il avait eu affaire à des patients qui, pour des raisons chimiques, avaient eu le sens du goût comme provisoirement anesthésié. Mais il savait aussi qu'un très petit nombre de personnes se trouvaient dans ce cas. « C'est la première fois que je rencontre un cas comme le vôtre, quelqu'un pour qui tous les aliments ont la même saveur », dit-il.

— Tu veux pas qu'on aille récupérer un poêle à pétrole ? demanda le rabatteur qui buvait sa bière. Tout à l'heure, j'ai vu qu'on en avait jeté un au coin de la rue. J'ai pas bien regardé, mais il doit encore marcher. Tu veux pas qu'on aille le chercher ?

— Tu as froid ? demanda Fumi.

L'homme secoua la tête.

— Non. C'est pour un rituel.

Le jour allait bientôt se lever mais il ne faisait pas froid à l'extérieur de l'appartement. L'air était surtout chargé d'humidité. Il y avait du brouillard. On ne parvenait plus à distinguer le sommet des gratte-ciel de Nishi-Shinjuku. Le rabatteur marcha rapidement dans la direction du dépôt d'ordures. Les façades des immeubles formaient comme une ceinture, et on pouvait voir de la lumière à certaines fenêtres. Il y avait aussi des appartements d'où provenaient de la musique et des bribes de conversation. On entendait même un couple se disputer dans une langue étrangère. Fumi comprit que ce n'était pas de l'anglais, mais fut incapable de dire de quelle langue il s'agissait. J'irais bien faire un tour à l'étranger, pensa Fumi qui aimait regarder les photos des magazines de voyages, mais ne parvenait pas à imaginer ce qui pouvait se trouver à l'extérieur de ce pays.

Même à Tôkyô, Fumi est souvent prise d'un sentiment d'étrangeté. Elle ne retournera jamais dans ce village, au bord de la mer du Japon, dont elle conserve encore une impression bien trop nette de froideur et de dégoût. « Plutôt mourir. » Tout était encore bien trop précis. A l'extérieur, la neige avait déjà dû commencer à tomber. A l'intérieur, la chaleur suffocante devait donner la nausée. C'était cette vitre crasseuse qui séparait l'intérieur de l'extérieur, elle serait obligée de rester de l'un ou de l'autre côté. Elle n'avait pas réussi à devenir cette vitre. Elle se souvenait encore comme elle avait été heureuse en achetant ce radiateur électrique. Elle s'était aussi procuré toutes sortes d'objets, des objets qu'on n'aurait jamais trouvés dans cette ville où elle était née et avait grandi. Un lit, par exemple. Une petite table basse en imitation teck, des pantoufles en forme de lapin, ce dessous de vase. Elle avait pris plaisir à s'entourer de ces objets. Elle avait eu envie de bien d'autres choses. Elle voulait vivre entourée de jolis objets capables de provoquer en elle, et par leur simple présence, un sourire de contentement dont elle ne connaissait pas l'origine. Mais tous ces bibelots ne possédaient pas une force d'attraction assez puissante. Ils ne lui étaient d'aucun secours lorsqu'elle sentait remonter cette mémoire tapie en elle, au plus profond. Les pales du ventilateur avaient beau brasser l'air, il leur était impossible d'effacer l'odeur de poisson qui flottait dans ce village. Le rabatteur fouillait les poubelles. Les réverbères disposés à intervalles réguliers semblaient ponctuer la ruelle étroite. Il fait bon dans cette rue, pensa Fumi qui se tenait dans un cône de lumière bleuâtre. Chez moi, il fait raisonnablement chaud, mais dans cette rue il fait bon. Elle ne perçoit pas distinctement la frontière entre l'intérieur et l'extérieur. C'est une sensation assez agréable quoique trop faible. Pas assez puissante pour empêcher le froid qui règne dans ce village au bord de la mer de s'insinuer en elle. Courbé par le poids du poêle à pétrole qu'il tenait à bout de bras, le rabatteur fit quelques pas dans sa direction.

— C'est dangereux, dit l'homme. Ils l'ont jeté sans vider le pétrole qui restait dans le réservoir. C'est dangereux.

Le rabatteur alluma le poêle malgré l'interdiction de Fumi. Selon lui, le poêle était de fabrication suédoise et fonctionnait parfaitement. C'était un poêle rond qui dégageait de la chaleur dans toutes les directions. Une odeur qui venait de loin se répandit dans l'appartement de Fumi. L'homme avait dit qu'il voulait procéder à un rituel. Quand elle lui demanda ce qu'il comptait faire, il commença par lui parler d'un film. Le film se passait en Europe, quelque part à la campagne. Il avait oublié dans quel pays. C'était l'histoire d'un frère et d'une sœur. Un jour, le frère profite de l'absence de sa mère, occupée à l'extérieur, pour quitter la maison et disparaître. Comme ce garçon était le protégé de la mère, celle-ci ne cesse de répéter à la sœur qu'elle aurait préféré que ce soit elle qui disparaisse. Blessée par ses paroles, la sœur commence alors à pratiquer un rite qui consiste à se brûler les seins avec une cigarette. Est-ce dans l'intention de se punir soi-même ? Les parents divorcent lorsqu'ils comprennent que leur fils est mort. La fille reste vivre avec sa mère. Six années passent. Puis un jour, quelqu'un croit apercevoir dans le village un garçon qui ressemble beaucoup au frère mort. La mère est folle de joie. La sœur pense que ce n'est pas son vrai frère. A un moment, le prétendu frère fait mine de vouloir frapper sa sœur et on comprend alors qu'elle est douée d'un pouvoir surnaturel : la psychokinésie. Elle a le pouvoir de déplacer les objets à distance. Cette nuit-là, le frère s'introduit dans le lit de sa sœur, une chose qu'il faisait souvent autrefois. Les soirs où il n'arrivait pas à s'endormir, il venait se glisser à ses côtés. Au matin, le frère lui demande en quoi consiste ce pouvoir surnaturel et comment elle fait. La sœur lui répond qu'elle le lui dira s'il lui montre comment les homosexuels font l'amour. Et elle brise à distance le filament de l'ampoule. Il fait sombre dans la pièce. Le garçon qui prétend être son frère commence à faire l'amour avec sa sœur. La sœur ne lui dit pas que c'est en se brûlant les seins avec une cigarette qu'elle a obtenu ce pouvoir. « Mais c'est évident. Ce film, je l'ai vu plusieurs dizaines de fois », dit le rabatteur. Il remonta son pull, défit sa chemise et montra son torse à Fumi. Il avait de petites traces de brûlures à plusieurs endroits. En voyant ça, Fumi pensa aux cicatrices de son dos. Ils avaient dormi plusieurs fois ensemble mais ils n'avaient jamais fait attention à ces traces de brûlures. « Deux personnes qui se retrouvent ensemble dans la même pièce avec les mêmes marques de brûlures sur le corps, même si c'est sur le torse ou dans le dos, on pourrait finir par croire que tous les êtres humains ont des traces de brûlures sur le corps. » Ce raisonnement la déprimait. L'homme lui demanda ce qu'elle avait lorsqu'il remarqua l'expression de douleur sur le visage de Fumi. « Rien du tout », répondit-elle, puis elle se tut. Elle n'avait pas envie de lui parler des traces de brûlures sur son dos. Elles étaient minuscules à présent, on ne les remarquait presque plus. Et puis, cela ne donnait jamais rien de bon de reparler du passé. On finissait par la trouver déprimante ou par se convaincre qu'elle aimait être battue : elle s'était déjà retrouvée ligotée précisément pour cette raison. La compassion aussi, c'était dangereux : elle ne savait pas pourquoi, mais elle avait envie de tuer tous les hommes qui s'apitoyaient sur son sort. Si elle avait horreur de la violence, elle s'était souvent battue à l'école primaire.

Le rabatteur posa le bout de ses doigts sur le poêle à pétrole. Il les laissa environ dix secondes avant de les retirer. Une odeur d'ongles ou de poils brûlés se répandit. L'homme avait les larmes aux yeux. « Tu cherches à obtenir un pouvoir surnaturel ? » demanda Fumi. « Je ne sais pas, répondit-il. C'est pas que je désire quoi que ce soit ou que j'aime souffrir. Dans un roman étranger que j'ai lu quand j'étais au lycée, il y avait une histoire qui ressemblait au film dont je t'ai parlé. Le personnage principal se droguait, des hallucinogènes ou quelque chose dans ce genre. Il était obsédé par le sentiment de se trouver au bas de l'échelle dont Dieu se servait pour juger les hommes. Et ce sentiment était si fort qu'il avait beau écrire, écouter de la musique ou se promener, il n'arrivait pas à s'en débarrasser. Il interprétait toutes les choses comme des signes : il avait l'impression que les acteurs à la télévision ne parlaient que de lui, que les disc-jockeys à la radio faisaient circuler des ragots sur son compte. Et il n'y avait que deux manières d'interpréter la signification de ces signes, ils lui enjoignaient soit de tuer quelqu'un, soit de se punir. Comme il n'avait pas envie de tuer qui que ce soit, il se punissait en se faisant souffrir. Il posait le bout de ses doigts sur un poêle brûlant. Et cette souffrance le sauvait. C'est ce que, moi aussi, je recherche avec ce poêle à pétrole. »

En les examinant mieux, Fumi vit que l'homme avait le bout des doigts tout noir. Elle ne savait pas pourquoi, mais elle pensa que cet homme lui ferait sans doute l'amour cette nuit. « Tu ferais mieux de te soigner », dit-elle en faisant quelques pas vers le mur. Elle se sentait mal et ouvrit la fenêtre. Un inconnu se tenait debout sous sa fenêtre. L'homme lui adressa la parole lorsqu'il l'aperçut.

— Dites-moi, vous autres, vous n'avez pas ramassé quelque chose dans le dépôt d'ordures tout à l'heure ?

L'homme portait un survêtement blanc et tenait un tuyau d'acier à la main.

— Un poêle à pétrole, dit Fumi.

Le rabatteur rejoignit Fumi à la fenêtre et ajouta d'une voix douce :

— On l'a récupéré en pensant que c'était un appareil au rebut.

— Vous n'avez rien pris d'autre ? demanda l'homme en survêtement qui tapotait le sol avec le tuyau en acier.

Fumi secoua la tête.

— On n'a pris qu'un poêle à pétrole. Vous pouvez monter vérifier si vous voulez.

Ils n'avaient pas l'air de mentir et Toshihiko décida de retourner chez lui.

— Excusez-moi. C'était juste parce que j'ai jeté une chose très importante dans les ordures.

La fenêtre se referma. Toshihiko éclata de rire en se rendant compte de ce qu'avait de contradictoire son attitude et de comique cette manière de dire qu'il avait jeté une chose très importante. J'ai pas bien vu parce qu'elle était à contre-jour, mais elle avait l'air vraiment pas mal, cette fille. L'homme, c'est plutôt le genre poule mouillée. Un jour, je lui ferai son affaire, pensa-t-il en se dirigeant vers son appartement.

XIV

YOSHIKI

En chemin, Toshihiko repassa par l'endroit du dépôt d'ordures et reprit le club de golf qu'il y avait jeté quelques heures plus tôt. C'était un fer 2 de la marque Ping. Des traces du sang de Yoshiki se trouvaient encore sur la tête du club. Yoshiki doit être rentrée, pensa Toshihiko en levant à nouveau les yeux vers l'immeuble où il avait aperçu la fille tout à l'heure. Je ne l'ai pas bien vue à cause du contre-jour, elle avait l'air plus maigre que Yoshiki, mais c'est sûr qu'elle était belle. Il décida de se concentrer sur cette femme lorsqu'il ferait l'amour ce soir avec Yoshiki.

Il n'y avait rien de mieux pour Toshihiko que de penser à une autre femme quand il faisait l'amour. C'est une femme mariée qu'il avait rencontrée alors qu'il travaillait dans une société de transports routiers de Chiba qui lui avait enseigné ça. A l'époque où il sortait avec cette femme, il avait pris l'habitude de boire des boissons énergétiques au volant de son poids lourd. La femme se droguait à l'héroïne. Elle avait des traces de piqûres non seulement sur les veines des bras et des jambes, mais aussi sur la langue et les gencives. Toshihiko s'était laissé piquer à plusieurs reprises quand la femme le lui avait proposé, mais il avait rapidement arrêté parce que ça le rendait malade. Lorsque cessait l'effet de la drogue, il avait l'impression que les aliments contenus dans ses boyaux se mettaient à pourrir en contaminant son corps. La femme avait envie de baiser dès qu'ils se retrouvaient dans un *love hotel*. Elle était excitée tout le temps qu'ils étaient ensemble : elle passait son temps à sucer le sexe de Toshihiko même quand elle roulait des bigoudis dans ses cheveux ou qu'elle se les séchait avec le séchoir électrique. C'était une femme qui aimait particulièrement sucer.

A cause de cette femme, Toshihiko était arrivé à la conclusion que toutes les femmes aimaient sucer. Par la suite, il avait dû déchanter à plusieurs reprises. La fille qu'il avait connue avant Yoshiki, une lycéenne, une gosse de riches qui donnait l'impression de faire ses études à Hawaï, détestait sucer sans préservatif et c'était pour cette raison qu'il l'avait tellement frappée au visage et qu'elle avait perdu l'usage d'un œil. Il lui avait déchiré l'œil avec son index légèrement tendu et se souvenait parfaitement du plaisir qu'il avait éprouvé et de la sensation quand il avait crevé la chair du globe oculaire. Toshihiko recherche depuis ce jour l'excitation qu'a provoquée en lui cet acte : il drague une fille dans la rue et après l'avoir emmenée dans un parc pour la baiser, sous le prétexte que la fille a dit ou fait quelque chose de travers, il se met à la rouer de coups, toujours au visage et en s'efforçant d'atteindre ses yeux. Enfant, Toshihiko s'amusait souvent à tuer des insectes, mais écraser un insecte ne lui avait jamais procuré la sensation qu'il avait éprouvée en crevant l'œil d'un être humain. Une fois, il avait frappé Yoshiki en cherchant à atteindre les yeux, mais elle s'était protégée avec ses deux mains lorsqu'elle avait compris où il voulait en venir. Il n'avait jamais trouvé de prétexte pour battre la femme mariée. Il redoutait les représailles de son mari et elle était tellement shootée qu'elle trouvait encore le moyen de le sucer dans les toilettes des cafés où ils se rencontraient. « Si t'es fatigué de ma chatte, t'as qu'à penser à une autre fille », lui répétait souvent cette femme. Et quand ils marchaient ensemble, elle l'apostrophait régulièrement à voix haute dans la rue pour lui dire : « Hé ! Mate un peu cette fille comme elle est bath. Quand on sera à l'hôtel tout à l'heure, t'as qu'à penser à elle. T'as pigé ? Tu t'souviendras aussi de son visage ? »

Le sang de Yoshiki sur la tête du club de golf, un fer 2 de la marque Ping, avait déjà séché et Toshihiko se rendit compte qu'il n'avait encore jamais utilisé ce club pour frapper une balle de golf. Il y avait trois mois, après avoir bu plusieurs bières dans un café d'Ikebukuro, il s'était senti mieux et était entré dans un magasin de golf de la rue. Il avait eu envie de voir ce qu'on pouvait trouver dans ce genre de magasin. « Vous désirez ? » avait demandé un employé en s'approchant de lui. Il portait un anneau à l'oreille gauche et avait une cravate mauve. « Rien de spécial », répondit Toshihiko qui ajouta qu'il ne s'intéressait pas du tout au golf, mais qu'il avait eu envie de voir ce qu'on pouvait trouver dans un magasin de golf. L'employé lui fit visiter le magasin. En marchant avec Toshihiko, il lui avoua qu'il comptait bientôt quitter ce boulot. « C'est mon oncle qui tient cette boutique et si je ne bosse pas, l'éducateur me tombe dessus, mais j'ai envie de plaquer ce job vite fait », avait-il dit. Après avoir fait le tour du magasin, il avait demandé à Toshihiko en chuchotant s'il avait du cristal et s'il pouvait lui en revendre. Le cristal était le nom d'une drogue que prenait aussi cette femme qui ne pensait qu'à baiser. Toshihiko avait répondu qu'il n'en avait pas, mais il avait acheté, pris d'une impulsion subite, un fer 2 de la marque Ping. Le club brillait d'une couleur argentée, le manche était long. Toshihiko l'avait trouvé « classe ».

Toshihiko se rappela soudain qu'il n'avait plus de cigarettes. Mais comme il était sorti de chez lui avec son survêtement blanc qui lui donnait l'air d'un plouc, il n'eut pas envie d'entrer dans un drugstore dans cette tenue. « J'aurai qu'à demander à Yoshiki. » Yoshiki avait trois ans de plus que Toshihiko, c'était une fille très obéissante. Elle allait devoir aller lui chercher un paquet de Short Hope, des normales. Il devenait difficile de trouver des distributeurs automatiques ou des débits de tabac qui en avaient depuis qu'on s'était mis à vendre surtout des légères. Les Short Hope, si c'est pas des normales, c'est pas la peine. Je comprends pas les types qui fument des légères. Ces types-là, on ferait mieux de leur fracasser le crâne à coups de fer 2 de la marque Ping, pensait Toshihiko en faisant tinter légèrement le club de golf qu'il venait de ramasser sur le tuyau en acier.

Yoshiki était rentrée du travail. Elle portait encore la robe bleu marine qu'elle avait passée avant de sortir et se tenait dans la cuisine d'où provenait une odeur de sucre mélangé à de l'huile de soja. L'odeur se répandait jusque dans l'autre pièce. Il avait rencontré Yoshiki deux mois plus tôt dans un snack du quartier. Elle était infirmière dans un hôpital de Tôkyô. Elle avait un pansement sur le visage qui couvrait la blessure que Toshihiko lui avait faite hier soir avec le fer 2. Toshihiko à qui donnait la nausée l'odeur de sucre et d'huile de soja qui s'était répandue dans la pièce étroite de huit tatamis demanda pardon à Yoshiki. Avec son pansement, elle faisait pitié à voir, dans cette cuisine minable qu'elle avait cherché à égayer avec des fleurs et où elle avait collé sur les murs diverses reproductions bon marché. Toshihiko avait eu envie de lui demander pardon à genoux. « Tu dois encore avoir mal, non ? J'ai vraiment fait un truc dégueulasse. J'ai flippé toute la journée à cause de ta blessure, tu sais. C'est avec ce club que je t'ai fait ça. Ça me dégoûtait tellement de le voir que je suis allé le jeter, mais après, quand j'y ai repensé, je suis retourné le chercher. J'sais pas trop pourquoi puisque je fais pas de golf, mais paraît que c'est un club de très bonne qualité et qu'il vaut un bon paquet. Et puis, j'avais pas envie qu'un type le ramasse avec ton sang collé dessus. Ça m'aurait fait mal. Excuse-moi, hein ? C'est pas des mots, je te demande pardon du fond du cœur. Si t'étais partie, j'aurais plus su quoi faire. Tu peux pas savoir comme ça me rassure de voir que t'es revenue aujourd'hui. Tu sais que je m'angoisse facilement, hein ? Je t'en ai déjà parlé et c'est parce que ma mère, elle était comme ça aussi. Alors j'ai paniqué quand j'ai compris que t'étais la personne qui comptait le plus pour moi et que t'allais peut-être me quitter. Quand j'ai cette sorte d'angoisse, en général, ça rate jamais. Et cette fois aussi, j'ai eu peur. Quand t'es pas avec moi, je sais plus quoi faire, je suis perdu sans toi », disait Toshihiko qui comprenait qu'il avait commis quelque chose d'irréparable et qu'il finirait comme sa mère s'il continuait ainsi. « Je fais subir aux autres ce que ma mère m'a fait subir. » Il commença à pleurer. Je lui ai vraiment fait un truc dégueulasse, se répétait-il. « Ça va maintenant, c'est pas la peine de te mettre dans cet état-là. Ça va bien maintenant », dit Yoshiki en caressant les joues de Toshihiko.

Toshihiko était un enfant naturel. Sa mère l'avait eu à seize ans. Elle avait menti sur son âge et travaillait alors comme entraîneuse dans un snack de Tochigi. Aujourd'hui, sa mère n'avait pas encore quarante ans. L'homme qu'elle disait être son père lui rendait visite de temps en temps quand il était encore dans les petites classes de l'école primaire. Mais un jour, sa mère s'était disputée avec ses parents à ce sujet et l'homme n'était plus revenu. Toshihiko avait été élevé à Utsunomiya dans la maison familiale de sa mère. Elle venait le voir à peine une fois tous les six mois. Dans cette maison, on avait inventé un dispositif fait de feuilles d'aluminium pour se protéger des projections d'huile brûlante lorsqu'on faisait des tempuras. La mère de Toshihiko était d'un caractère plutôt réservé, elle était d'une gentillesse extrême. Dans la journée, elle faisait du porte à porte pour vendre des produits de maquillage, le soir, elle travaillait dans un snack. Elle achetait des jouets et des vêtements pour Toshihiko, tout ce qu'elle pensait qui pourrait lui faire plaisir. Mais de temps à autre, elle disparaissait. Elle disparaissait sans prévenir. Elle ne téléphonait pas. Elle n'écrivait pas. Elle sortait tout à coup, laissant refroidir son assiette de ragoût ou de *curry rice*. Puis lorsqu'elle réapparaissait, elle revenait les bras chargés de cadeaux pour Toshihiko ou ses parents et elle leur demandait pardon en pleurant d'avoir disparu aussi soudainement. Toshihiko se souvient encore parfaitement de ce sentiment très fort qu'il éprouvait alors : un sentiment de soulagement et de colère au retour de sa mère, auquel se mêlait le sentiment insupportable d'abandon qu'il avait éprouvé en regardant, seul, l'assiette de ragoût fumante qui commençait à refroidir après que sa mère avait disparu. En se répétant, ces sentiments d'abandon extrême et de soulagement qui l'assaillaient régulièrement l'un après l'autre lui avaient fait perdre la conviction de pouvoir trouver sa place dans le monde extérieur. Tout semblait avoir déjà été décidé sans lui. Tout était déjà déterminé. Rien autour de lui n'était modifié par les disparitions et réapparitions de sa mère. Les projections d'huile à tempuras sur les parois d'aluminium continuaient à crépiter dans la maison. Toshihiko ne savait pas comment trouver la force de changer quoi que ce soit à ce qu'il était devenu, à son caractère ou à sa manière de parler. Seule sa mère était capable de modifier radicalement la situation. Ces parents qui avaient inventé ce système pour les tempuras avaient fait suivre la mère de Toshihiko pendant plusieurs jours quand elle était montée à Tôkyô où elle avait été employée par un grossiste. Mais à Toshihiko qui était encore à l'école primaire, on n'avait pas fait part des conclusions de la filature.

A l'époque où il entra au collège, Toshihiko eut l'occasion de rencontrer l'homme avec qui sa mère sortait. Elle venait d'avoir trente ans et fréquentait un pilote de hors-bord bien plus jeune qu'elle, il venait à peine de finir le lycée. En le voyant, Toshihiko eut un choc. Il eut l'impression que cet homme avait le même âge que lui. Ce pilote de hors-bord et sa mère se séparèrent rapidement, mais l'homme reprit contact à plusieurs reprises avec Toshihiko pour lui proposer de l'emmener au cinéma. Il aimait les films de guerre. Après la séance, ils allaient manger un hamburger et il lui parlait de sa mère. Il lui répétait sans cesse quelque chose comme : « Il n'y a pas de femme plus gentille et plus jolie que ta mère. » Après son installation à Tôkyô, Toshihiko avait encore revu cet homme une fois. « C'est ta mère qui m'a donné ton numéro de téléphone », avait-il dit, et ils étaient allés ensemble au cinéma voir *Cliffhanger*. L'homme avait arrêté les courses de hors-bord et il était, semblait-il, devenu concessionnaire d'un garage de voitures d'occasion près de Kawasaki. « Si t'as envie d'un Toyota, par exemple d'un 4WD d'occasion et vraiment pas cher, t'as qu'à me passer un coup de fil. » Il lui avait laissé sa carte de visite.

Toshihiko était venu à Tôkyô pour suivre des cours dans une école préparatoire, mais il avait rapidement abandonné. Sa mère continuait à lui envoyer chaque mois une somme d'argent confortable bien qu'elle sût qu'il avait abandonné ses études. Toshihiko était convaincu que la violence s'emparait des êtres humains pour les prétextes les plus futiles. Il avait rencontré une fille assez jolie, plutôt grande, elle ressemblait à sa mère et réussissait tout sans effort. C'était une fille qu'il avait connue à l'école préparatoire. Elle était la fille d'un menuisier de Shizuoka et elle avait des crises de jalousie qui frisaient l'hystérie. Elle ne réagissait jamais sur le moment, mais lui faisait des scènes dès qu'ils se retrouvaient seuls tous les deux. Deux mois environ après l'avoir connu, elle se mit à pleurer puis à hurler alors qu'ils se trouvaient dans un *love hotel*. Elle commença à l'abreuver d'injures parce qu'il s'était retourné au passage d'une autre femme et elle essaya même de l'étrangler. C'était la première fois que cela se produisait. Toshihiko s'efforça d'abord de la calmer en lui disant : « Arrête tes conneries, ça suffit », puis la colère le prit comme il commençait à avoir du mal à respirer et il se défendit. Il la frappa avec le poing à hauteur du nez. Sous le coup de l'émotion, il n'eut pas la sensation de l'avoir frappée. La fille avait porté ses mains à son nez et gisait sur le lit ovale du *love hotel*. Toshihiko vit s'élargir la tache noirâtre sur les draps brillants. La fille qui, de stupeur, avait cessé de pleurer le regardait fixement. Elle était choquée et tremblait. Toshihiko vint s'asseoir près de la fille qui allait recommencer à crier. Il posa ses mains sur ses épaules et s'excusa en la caressant. Il ne put que répéter : « Pardon, pardon, pardon. » Il ne savait pas ce qu'il aurait fallu dire dans un moment pareil. Il commença lui aussi à sangloter en répétant : « Pardon, pardon, pardon. » La fille était prise de tremblements de plus en plus violents et il sentait sous ses mains le corps de la fille qui se raidissait. Elle se mit à hurler. La pensée que ces hurlements allaient ameuter tout l'hôtel ne traversa même pas l'esprit de Toshihiko car il croyait que le monde était une machine qui fonctionnait sans lui, comme si tout avait été déjà déterminé : il pouvait se produire n'importe quoi, il ne pouvait rien y faire. Le téléphone sonna et, comme il ne répondait pas, on entendit bientôt des coups frappés à la porte. Il laissa frapper un moment avant de se décider à aller ouvrir. Deux hommes pénétrèrent dans la chambre. La fille cessa de crier en les voyant et déclara en se tenant le nez : « Ça va, c'est rien. On s'est un peu disputés. » C'était sans doute une chose qui devait se produire souvent dans un *love hotel*, car les deux hommes quittèrent la chambre en les menaçant d'appeler la police la prochaine fois. Le nez de la fille pissait toujours le sang. Toshihiko fixait en pleurant la surface du drap taché du sang de la fille qui brillait comme de la soie. C'était la première fois qu'il regardait le monde en train de se modifier sous ses yeux avec le sentiment d'y être pour quelque chose.

Yoshiki posa les plats qu'elle avait cuisinés sur la table. Lorsque Toshihiko s'était installé chez elle, elle avait acheté une table de cuisine et deux chaises, une nappe et des couverts en argent pour deux. Elle avait aussi acheté un lit plus large et la pièce paraissait désormais étroite. Toshihiko avait son propre appartement à Yodabashi, mais il n'y mettait jamais les pieds. Cela ne posait aucun problème puisque sa mère continuait à payer le loyer par virements automatiques. Il y avait sur la table une salade froide de macaronis, un poisson cuit au court-bouillon, des haricots bouillis et une soupe de clovisses au miso. « Je mangerais bien des pêches blanches au sirop », déclara Toshihiko. « Hein ? » fit Yoshiki. « Des pêches blanches en conserve, répéta-t-il. Ça existe bien, les conserves de pêches blanches au sirop ! Super sucrées. Voilà ce que j'ai envie de manger. Mais à cette heure les magasins sont déjà fermés. Je pourrais bien aller en acheter moi-même, mais j'ai pas envie d'entrer au drugstore avec ce chandail. Et puis, la soupe au miso va refroidir… » disait-il en caressant les cheveux de Yoshiki. « Ce n'est pas un problème. Le Family Mart reste ouvert vingt-quatre heures sur vingt-quatre. C'est vrai que je n'avais pas pensé au dessert. Et puis, la soupe au miso, je la ferai réchauffer. »

En attendant le retour de Yoshiki, comme il regardait refroidir la soupe de clovisses au miso, Toshihiko fut envahi par cet ancien sentiment d'abandon. Il se sentit désemparé, les larmes aux yeux. Il repensa à toutes sortes de choses, par exemple qu'il avait sans doute cherché à la punir en lui demandant des pêches blanches, par caprice, pour qu'elle lui prouve son amour. « J'ai cherché partout, impossible de trouver des pêches blanches, alors j'ai pris une boîte de poires », déclara Yoshiki qui venait de rentrer et qui lui montrait la conserve qu'elle avait tirée du sac en plastique du Family Mart. En voyant la boîte de poires, Toshihiko ressentit une sorte de picotement nerveux au fond du nez. « Connasse ! J'avais pourtant bien dit des pêches blanches ! » hurla-t-il, avant de saisir, fou de colère, le club de golf et de frapper Yoshiki à hauteur de l'oreille. Il était si excité qu'en frappant Yoshiki qui se tenait debout, pétrifiée, le club de golf lui échappa des mains, rebondit sur le tapis et glissa jusque dans la cuisine. Toshihiko se mit lui aussi à hurler sans savoir pourquoi et saisit de sa main gauche l'épaule de Yoshiki qui, pour se protéger, s'était laissée tomber sur le parquet. Puis, l'index tendu, il visa les yeux en la frappant. Yoshiki qui se souvenait que Toshihiko avait déjà tenté une fois de lui atteindre les yeux, baissa la tête et l'enveloppa dans ses bras pour parer le coup. Les mains de Toshihiko essayaient de forcer la protection qu'elle lui opposait, il réussit à introduire un doigt en le glissant par un interstice offert entre les mains crispées de Yoshiki et lui égratigna légèrement le haut d'une paupière. Puis il releva Yoshiki, qui hurlait et cherchait à lui échapper, en la traînant par les cheveux et la fit tourner autour de lui. Elle perdit l'équilibre et chancela, mais elle ne tomba pas car il la tenait toujours fermement par les cheveux. Sous la douleur, elle agitait les bras et les jambes, son pied heurta la table, le plat de macaronis tomba et se brisa en produisant un bruit mat. La soupe au miso, le poisson et les haricots se renversèrent aussi, ainsi que les chaises : une odeur terrible monta du tapis. Toshihiko écrasa le poisson et, sous le coup de la douleur provoquée par l'arête qui lui était entrée dans l'orteil, finit par lâcher Yoshiki qui se tenait à quatre pattes en pleurant. « Pardonne-moi », recommença-t-il à dire. « Pourquoi j'te fais ça ? dit-il en s'agenouillant devant Yoshiki. Ne pars pas. Si t'es plus là, si tu pars, je ne saurai plus quoi faire. Je vais même probablement crever. » Puis il recommença à lui parler de sa mère. « Quand ma mère disparaissait, je restais à l'attendre en regardant refroidir son assiette. Au début, l'assiette fumait encore, puis, peu à peu, elle ne fumait plus du tout. J'avais envie de mourir en regardant cette assiette. Je ne pouvais pas m'empêcher de penser à autre chose, mon corps était tout raide, je ne pouvais plus bouger. Le tic-tac de l'horloge faisait un vacarme insupportable. »

En regardant les mèches de cheveux que Toshihiko faisait rouler entre ses doigts, Yoshiki se dit qu'elle ne pourrait sans doute pas en supporter davantage. Devant elle, un homme demandait pardon à genoux en sanglotant. Son visage était beau. C'est vrai que cet homme a un beau visage. Je ne rencontrerai sans doute jamais un homme aussi beau, pensa-t-elle. Elle comprit pour la première fois en le regardant qu'elle parviendrait à oublier tout ce qui s'était passé aujourd'hui, qu'il lui suffirait pour cela de regarder ce visage et de voir comme il était beau. Et puis, il n'a nulle part ailleurs où aller s'il quitte mon appartement. Et moi aussi, à part cet appartement, je n'ai nulle part où aller, c'est ce qu'elle pensa comme, sans même s'en rendre compte, elle venait de pardonner à Toshihiko. « Je vais ressortir chercher des pêches blanches, dit-elle à Toshihiko. Je vais essayer d'aller voir au drugstore en face de la gare. » Il se mit à lui embrasser le visage, les bras et les jambes, il sanglotait toujours. Je suis sa mère, moi, à cet enfant, pensa-t-elle, puis elle caressa longuement la tête de Toshihiko. Cela lui faisait un bien fou de penser qu'elle était sa mère. Yoshiki retoucha son maquillage et sa coiffure. Elle essuya le sang qui coulait de l'arcade sourcilière. Elle mit un pansement et s'apprêta à sortir de la pièce.

— Tu pourrais pas m'acheter un paquet de Short Hope, des normales, demanda Toshihiko en reniflant. S'il te plaît, pas des légères, des normales. Parce que les légères, c'est à chier à en mourir.

XV

SONODA

Yoshiki n'avait pas fait cent mètres depuis l'appartement quand elle se rendit compte qu'elle ne se souvenait plus s'il lui avait demandé des normales ou des légères.

Yoshiki ne fume pas. Elle ne comprenait pas vraiment la raison pour laquelle cet homme attachait tant d'importance à ce détail. Des normales ou des légères. C'était une chose que Yoshiki ne comprenait pas. C'était pareil pour la cuisine : elle n'aimait ou ne détestait rien en particulier et elle n'avait pas non plus de goût très arrêté dans le choix des vêtements ou des bijoux qu'elle portait. Yoshiki trouvait stupides les femmes – il y en avait plusieurs parmi ses collègues infirmières – qui ne s'accoutraient que de vêtements à la mode, ceux présentés par les magazines féminins. « Les vêtements sont avant tout destinés à protéger du froid », avait dit un vieil érudit à la télévision et Yoshiki avait pensé qu'il avait parfaitement raison. Elle hésitait à retourner à l'appartement pour lui demander si c'était des normales ou des légères qu'il voulait. Car il penserait qu'elle était revenue avec les cigarettes et il la battrait probablement encore quand il s'apercevrait du contraire.

L'aurore était proche. La rue était glaciale. Le froid s'insinuait dans ses pieds par l'asphalte de la chaussée. Hier, une collègue était partie subitement en voyage à l'étranger et Yoshiki avait dû travailler douze heures d'affilée sans avoir le temps de manger correctement. En y réfléchissant, elle avait mangé un plat à emporter chinois à midi. Cette collègue avait le chic pour dégoter de temps à autre des billets d'avion bon marché et prenait soudain des congés payés qu'on lui accordait toujours. « Il n'y a pas de problème, on demandera à Kurasawa. Bonnes vacances », avait-elle entendu dire l'infirmière en chef. Kurasawa est le nom de famille de Yoshiki. Et son prénom, Yoshiki, qui s'écrit avec deux caractères signifiant « grande joie », lui a été donné par son père qui était alors directeur adjoint du bureau de poste de la ville de Fukuyama, dans la préfecture de Hiroshima. Son père était un passionné de kendo et de romans historiques. C'était aussi un alcoolique. Enfant, elle s'était souvent entendu dire que son prénom était un prénom de garçon. Mais Yoshiki était en fait le prénom d'une princesse de l'époque Kamakura que son père avait trouvé dans un roman historique qu'il appréciait tout particulièrement. Yoshiki avait une grande sœur qui s'appelait Naoki. Yoshiki et Naoki étaient les prénoms de deux sœurs qui apparaissaient dans ce roman. Yoshiki avait souvent été jalouse de sa sœur Naoki qui était une enfant pleine de vie et d'un naturel plutôt joyeux. Pourtant Naoki s'était suicidée lorsqu'elle était à l'université. On disait qu'elle s'était retrouvée enceinte et que c'était la raison pour laquelle elle s'était suicidée. C'est pourquoi, lorsque cette collègue qui avait l'air si heureuse était passée hier à l'hôpital dire au revoir avec sa valise et annoncer qu'elle partait avec son petit copain en voyage à Hawaï, Yoshiki avait pensé qu'il n'y avait pas de raison pour que cette collègue soit plus heureuse qu'elle, même si celle-ci était d'un naturel bien plus joyeux. A l'hôpital, elle était considérée comme une fille très ouverte. Elle était très appréciée des collègues masculins. Mais Yoshiki pensait qu'il ne fallait pas se fier aux apparences. Sa grande sœur s'était suicidée d'une manière particulièrement atroce, dont Yoshiki n'avait jusqu'alors jamais entendu parler. Pendant la cérémonie de funérailles, le cadavre était resté enveloppé dans un sac plastique. Une personne peut bien avoir l'air heureuse, on ne sait jamais ce qui se passe réellement au plus profond de son cœur. C'est une erreur que de se fier à l'apparence extérieure des gens pour les juger. Moi, je ne simule pas, pensa Yoshiki.

Elle était encore sous le choc. Cet homme qui l'avait battue puis qui l'avait embrassée en demandant pardon… Elle avait oublié de passer le seul manteau qu'elle possédait. Elle avait froid et la sensation de froid était encore plus forte parce qu'elle avait le ventre vide et ressentait une formidable envie de dormir. Elle se retrouva devant le Family

Mart où elle était entrée vingt minutes plus tôt et où elle n'avait pas trouvé de pêches blanches en conserve. Un chien à poils gris aboya en l'apercevant. Il était attaché au tronc du premier arbre de la rangée bordant le début de la rue devant Family Mart. « T'as qu'à aller au drugstore vers la gare », avait suggéré l'homme, mais ce magasin était situé deux fois plus loin que le Family Mart.

Si ça se trouve, le camion qui s'est garé à l'instant devant le magasin vient livrer des conserves de pêches blanches, pensa-t-elle. Elle avait si froid qu'elle ne sentait plus ses orteils, et elle décida d'entrer à nouveau dans le Family Mart. Les deux employés ne la saluèrent pas et elle pensa que ce devait être à cause de sa dégaine. Elle regarda son visage dans un miroir qui se trouvait au rayon beurre et fromages. Elle avait passé une pommade sur la blessure pour arrêter l'hémorragie, mais le sang continuait à perler de l'arcade sourcilière et avait commencé à coaguler dans ses cheveux. Sa lèvre supérieure était si enflée qu'elle touchait presque son nez. « Je dois faire peur à tout le monde. C'est pour ça qu'ils ne m'ont pas saluée », murmura Yoshiki pour elle-même en étouffant un petit rire. La douleur à la lèvre supérieure qu'elle ressentit en riant lui fit se souvenir de son père qui la battait lorsqu'elle était enfant. Ils habitaient dans le logement de fonction du bureau de poste. Le directeur habitait l'appartement voisin, il avait des enfants du même âge avec lesquels Yoshiki s'entendait bien. Quand son père la battait, c'était qu'il était saoul. Sa mère aussi l'avait frappée, parce qu'elle l'avait surprise en train de parler trop familièrement avec la femme du directeur du bureau de poste. Pourquoi les hommes attrapent-ils systématiquement les femmes par les cheveux quand ils les battent ? Son père aussi saisissait toujours Yoshiki ou sa mère par les cheveux quand il les frappait au visage ou quand il leur donnait des coups de pied dans le ventre.

— Auriez-vous des pêches blanches en conserve ? demanda-t-elle en s'approchant de la caisse où se tenaient les deux employés qui évitèrent de croiser son regard. « Des pêches blanches ? » répondit l'un. « Des pêches blanches », répéta Yoshiki. « Si y en avait pas au rayon des conserves, c'est qu'on n'en a pas », répondit l'employé sans regarder Yoshiki. Elle retourna une nouvelle fois au rayon des conserves et examina une à une toutes les boîtes. Elle répéta trois fois l'opération pour être certaine qu'il n'y avait pas de conserves de pêches, puis elle pensa au froid qui régnait à l'extérieur du magasin. « Vous vous êtes disputés ? » lui demanda un jeune homme qui tenait un chou coincé sous le bras gauche. Il était vêtu d'un pull-over en mohair noir qui semblait si doux que Yoshiki eut envie de le caresser et d'une veste d'un vert profond comme elle n'en avait encore jamais vu. « Oui, un peu », dit Yoshiki dont la bouche était déformée par la douleur. Elle le complimenta ensuite sur sa veste. « C'est une belle couleur. — Un vert avocat », dit le garçon en souriant.

Toshihiko serait incapable de sourire ainsi, pensa Yoshiki. Un sourire plein de tendresse. « Ce doit être un sale type pour battre une femme », dit le garçon à la veste verte qui empoignait maintenant le chou comme s'il allait le lancer à la manière des joueurs de base-ball. « Tu dois flipper, non ? » demanda-t-il. Il ne devait pas encore avoir vingt ans et son visage était aussi radieux que celui d'un patient sortant d'une longue période de convalescence. Si on exceptait les personnes âgées qui finissaient comme des légumes à cause des séquelles d'une maladie ou d'un cancer, il y avait pour les autres ce qu'on pouvait appeler l'instant où la maladie se retirait du corps. L'instant de la guérison où le mal quittait le corps du malade. « J'ai un peu mal, mais ça va », répondit Yoshiki. « Ah bon, murmura le garçon. Si t'avais envie de décompresser un peu, tu pourrais m'accompagner. Je vais tuer des lapins », dit-il tout haut. Yoshiki se demanda s'il n'avait pas parlé plus fort afin que les deux employés qui se tenaient près de la caisse puissent entendre ce qu'il venait de dire. Il plaisante, pensa-t-elle. Mais, intriguée, elle lui demanda comment il s'y prenait pour tuer les lapins.

— C'est lui qui s'en charge, dit-il en désignant le chien attaché devant le magasin. Moi, je me contente de bousiller le cadenas de la cage et d'attirer les lapins dans la cour de l'école avec le chou. Ensuite, je lâche le chien. C'est pour ça que je ne lui ai rien filé à bouffer depuis hier. Moi, je regarde de loin. Ça fait une drôle de musique quand il leur brise les os. Comme une voiture dont les vitesses auraient du mal à passer. Ça craque. Il les loupe jamais. C'est un fox-terrier, un vrai chien de chasse. Avec les lapins sauvages, c'est pas la même chose. Les lapins sauvages, ils se carapatent à toute berzingue et le chien, il a du mal à les choper. Mais les lapins qu'on trouve dans les écoles primaires, ils courent même pas. Tu trouves pas ça incroyable ? Quand le chien approche, le lapin, lui, il se met en boule, et il bouge plus ! C'est parce qu'ils sont plus du tout habitués à chercher eux-mêmes leur nourriture, à cause des humains qui leur filent à bouffer tout le temps. On dirait qu'ils n'ont même plus la sensation d'exister. Et je dis ça, mais ça concerne pas que les lapins. Récemment, il y a des trucs bizarres qui se passent, hein ! Des enfants qui tuent d'autres enfants, des clodos qui tuent d'autres clodos, des enfants qui tuent leurs parents, des parents qui tuent leurs enfants. Pourquoi tout ça, hein ? Pourquoi que ça se produit tout ça, hein ? demanda-t-il à Yoshiki.

Le pull de l'homme était parfumé et Yoshiki pensa qu'il ne battrait jamais une femme. Pourtant, il vient de dire qu'il tuait des lapins, alors c'est bien possible qu'il batte aussi les femmes, réfléchissait-elle.

— Mais c'est pas triste pour les lapins ? demanda-t-elle sans répondre à la question qu'il lui avait posée.

— Y a des choses bien plus tristes que les lapins, répondit-il.

— Les plus à plaindre, ce sont d'abord les enfants. Dans ce pays, avec tous ces putains de règlements, c'est eux qui sont le plus à plaindre. C'est mignon, un lapin. Moi aussi, autrefois j'en avais un. Et je crois qu'il n'y a vraiment pas beaucoup d'animaux aussi mignons que les lapins. Les enfants aujourd'hui, ils font comme leur disent leurs parents. « Il faut respecter la vie », qu'ils leur disent, mais personne ne respecte les enfants. Ils s'en foutent complètement, ils pensent qu'il n'y a qu'eux qui comptent. Mon frère, il souffrait d'une leucémie et il avait besoin d'une greffe de moelle. Eh bien, il est mort en attendant son tour à la banque. Les banques de moelle, c'est pas des institutions tenues par l'Etat. Non, c'est tenu par des personnes privées, des volontaires. Personne ne respecte la vie. On ne leur enseigne que des mensonges, aux enfants. Personne ne leur dira jamais la vérité. Alors, élever un lapin pour apprendre aux gamins le respect de la vie, il n'y en a vraiment qu'une poignée qui comprennent, les autres, ils ont tous envie de le bousiller, le lapin. Ce qu'ils comprennent, c'est qu'ils doivent absolument tuer le lapin. C'est un truc qu'ont tous les enfants. C'est amusant de tuer un lapin, tu veux pas venir ? Il fait encore un peu sombre et c'est vraiment super de voir le chien courir après le lapin dans une cour de récréation. J'ai eu l'occasion de voir courir Carl Lewis au stade national, mais là, ça n'a rien à voir. C'est franchement excitant. Y a plus grand-chose d'excitant dans l'existence, hein ? Non, hein ?

Vraiment plus grand-chose. Tu trouves pas qu'y a vraiment rien de plus énervant qu'un lapin blanc ou un lapin gris en train de grignoter tranquillement son chou dans la cour de récréation d'une école ? Ça te fout l'envie de le massacrer, le lapin. Ça foutrait les nerfs à tout le monde. Quand je lâche la chaîne, le chien, il traverse la putain de cour comme une flèche pour se jeter sur la bestiole. Il court tout droit, une vraie fusée. Je vais à l'école primaire en face de la gare, tu veux pas venir avec moi ?

Il parlait gaiement comme un patient qui serait sorti de l'hôpital le jour même après dix mois d'hospitalisation. Il avait une manière de parler qui semblait indiquer que la vie ne pouvait être que belle et qu'il avait décidé d'en profiter pleinement. « J'ai encore un truc à faire », dit Yoshiki en déclinant l'invitation. « D'accord. Compris. J'suis pas le genre à forcer les gens », déclara-t-il, puis il lui tendit une main que Yoshiki serra. La main était collante et Yoshiki finit par comprendre, au bout d'un instant, en examinant sa main que cette substance blanche qui s'était déposée dans sa paume était du sperme. Le garçon avait déjà payé son chou à la caisse. Elle fouilla dans la poche de sa robe. Elle avait oublié ses Kleenex. Elle avait bien un mouchoir, mais c'était un cadeau que sa mère lui avait rapporté de Hong Kong et elle n'avait pas envie de s'en servir pour essuyer le sperme d'un homme qu'elle ne connaissait pas. Elle regarda s'éloigner par la vitrine du drugstore l'homme à la veste verte qui marchait avec le chien. Elle se demanda s'il allait vraiment tuer des lapins.

Yoshiki sortit du Family Mart et essuya le sperme sur sa main droite au tronc de l'arbre où le chien avait été attaché. Elle regarda sa montre, il était un peu plus de quatre heures et quart. Elle pensa que peu importait si cet homme la battait à nouveau, et elle s'apprêtait à retourner à son appartement quand un employé sortit à son tour devant le magasin et l'appela : « Attendez ! » L'homme s'approcha. « Tenez, lui dit-il en lui tendant un petit pot en verre. C'est de la graisse de cheval, c'est très efficace. Vous n'avez qu'à vous en mettre un peu, ajouta-t-il. Je fais de la boxe, alors j'en mets quand je m'ouvre une arcade sourcilière. C'est très efficace, la plaie se referme tout de suite », expliqua-t-il en laissant le pot à Yoshiki avant de retourner dans le magasin. « Je peux le garder ? » voulut demander Yoshiki en se tournant vers le magasin. A travers la vitrine, elle vit l'employé qui semblait dire quelque chose comme : « Je vais le faire, ça va. » Elle le remercia en inclinant la tête puis se mit à marcher. En marchant, elle ouvrit le couvercle du pot d'où s'échappa l'odeur d'une pommade qui avait la couleur et la consistance de la margarine. Ça sentait simplement la graisse et, tout en continuant à marcher, Yoshiki s'en passa un peu sur sa blessure à l'arcade.

Elle se répéta plusieurs fois qu'elle ferait mieux de retourner à l'appartement, mais elle craignait que cet homme ne soit pas encore couché et qu'il se remette à la battre si elle rentrait sans les pêches blanches en conserve. Il doit s'inquiéter, pensait

Yoshiki. Pourquoi s'inquiète-t-il toujours plus que de raison ? Il n'a vraiment aucun motif pour cela : je rentre toujours à la maison. « La violence est un moyen d'attirer l'attention sur soi », c'est ce que quelqu'un avait écrit une fois dans un magazine et elle avait trouvé ça juste. Son père aussi était comme ça. Il entretenait une relation étrange avec le directeur du bureau de poste. C'était la même chose avec la femme du directeur et leurs enfants. Ce n'était pas de la prévenance, une prévenance exagérée comme celle qui aurait consisté à faire sans cesse des courbettes au directeur ou à se précipiter pour lui allumer sa cigarette, voire lui porter sa sacoche, des attitudes comme on peut en voir au cinéma ou à la télévision. Non, c'était plus ambigu. Cela se remarquait à une quantité de petits détails. Si son père faisait du zèle devant le directeur, il y avait aussi des moments où, bien qu'ils ne fussent que collègues, ils se parlaient comme s'ils avaient été des amis d'enfance. Sa famille comprenait qu'il était pourtant plus que précautionneux. Quand Yoshiki jouait avec la fille du directeur qui avait le même âge qu'elle, son père ne manquait jamais une occasion de dire à cette fille combien elle était mignonne ou qu'elle devait être la préférée de ses professeurs, par exemple lorsqu'elle avait obtenu un prix en lecture. « Moi aussi, j'aurais aimé avoir une fille aussi brillante que toi et je suis très heureux que tu joues avec elle bien qu'elle ne soit pas très amusante », disait-il devant Yoshiki. Mais de retour à la maison où il commençait à boire, il se mettait en colère contre Yoshiki sous prétexte qu'elle passait son temps à s'amuser avec cette fille et cela finissait par des coups. La femme du directeur du bureau de poste demandait souvent conseil à la mère de Yoshiki, ce qui la mettait dans l'embarras, se plaignait-elle comme l'aurait fait une petite fille. Un jour que sa mère avait reçu un colis d'asperges fraîches qu'on lui avait envoyé de sa maison natale à Hokkaidô, elle en avait offert à la famille du directeur. « Elles étaient vraiment excellentes, les asperges de ta femme », c'était sans doute ce que son père avait dû s'entendre dire à la poste. Il était rentré à la maison et s'était mis à boire sans dire un mot, puis soudain, il avait attrapé sa femme par les cheveux et s'était mis à hurler : « Alors, comme ça, ce type est plus important que moi ! » Il l'avait tellement frappée à coups de pied dans le ventre et sur la poitrine que Yoshiki avait pensé que sa mère allait y passer et qu'elle avait composé le 110 pour appeler une ambulance. Par la suite, sa mère lui avait reproché d'avoir appelé la police et son père lui avait même ordonné de foutre le camp de la maison. Sa grande sœur, elle, s'était bien gardée d'intervenir. Yoshiki avait pensé que sa sœur était vraiment une personne très forte.

En dépassant la gare, Yoshiki ne sentait plus ses mains à cause du froid. Il y avait des heures où l'on ne pouvait plus traverser la gare et elle dut faire un détour pour la contourner. Elle n'avait jamais réussi à avoir du respect pour son père et n'avait rien éprouvé, à sa grande surprise, lorsqu'il était mort deux ans plus tôt. Peu après la mort de sa sœur, elle avait pensé qu'il lui était finalement bien égal d'être battue. Sa sœur, elle, n'était quasiment jamais battue. Et en y réfléchissant, c'était sans doute parce qu'elle avait pris ses distances avec sa famille. Yoshiki se demandait si, à force d'être battue, elle n'avait pas consommé tout l'amour que son père avait pour elle. Et si battre ou être battue était une manière de communiquer, la communication ne devait-elle pas cesser, trouver à s'épuiser d'une manière ou d'une autre ? Et marcher dans le froid devant cette gare après une nuit de travail, n'est-ce pas une forme de communication ? Et moi-même, n'était-ce pas l'affection de ce beau jeune homme que je recherchais ? Ainsi pensait Yoshiki lorsqu'elle se rendit compte que, de l'endroit où elle se trouvait, elle pouvait voir la cour de l'école dont le garçon à la veste verte avait parlé. La cour baignait dans l'obscurité, on n'y voyait rien. Elle ne parvenait pas à voir s'il y avait ou non une cage à lapins. Lorsque ses yeux furent habitués à l'obscurité, elle chercha à apercevoir le chien en train de courir et des lapins morts. Elle était transie de froid. Elle grelottait. Peu importe la conserve de pêches. Peu importait cet homme, son père ou cette collègue qu'elle détestait et qui était partie hier pour Hawaï, pensait Yoshiki. Elle n'avait plus envie de se creuser la tête pour essayer de trouver ce qu'il pouvait bien y avoir de positif dans tout ça. Et quand bien même elle en aurait eu l'envie, c'était trop tard, de toute façon. Ce qu'avait dit l'homme à la veste verte était sans doute juste : il n'y avait rien d'autre à faire que de les tuer. Ce pouvait être des lapins, ce pouvait être soi-même, mais il fallait détruire quelque chose de la vie, sinon les choses ne changeraient jamais. Son père aurait sans doute mieux fait de tuer le directeur du bureau de poste. Son père avait toujours été ambigu dans la manière de gérer les pulsions agressives qu'il nourrissait à l'endroit de son supérieur et c'était elle et sa mère qui en avaient fait les frais. Et cette manière ambiguë d'exister, Yoshiki ne la lui pardonnerait jamais. Jusqu'à présent, elle avait toujours plus ou moins réussi à comprendre. Mais, maintenant, elle ne pourrait plus pardonner. Ne plus pardonner, c'était tuer. Yoshiki pensa qu'elle avait envie de voir le chien au pelage gris lâché par l'homme à la veste verte se jeter sur le lapin pour le dévorer. Elle essaya d'imaginer la scène.

— S'il te plaît !

Yoshiki entendit une voix derrière elle qui l'appelait.

— Ouais ! C'était bien toi…

C'était l'employé du Family Mart qui lui avait donné le pot de graisse de cheval. Il s'était changé et ne portait plus l'uniforme du magasin. Il devait avoir fini de travailler. « Merci pour tout à l'heure. » Yoshiki le remercia une nouvelle fois.

— Euh ! non, mais justement, je voudrais que tu me rendes la graisse. Je suis désolé. Cette graisse de cheval est un produit qui vient de Nagano. Mais après te l'avoir donnée, j'ai reçu un coup de téléphone : il paraît qu'on a arrêté d'en fabriquer. Je m'en sers souvent, alors j'aimerais bien que tu me la rendes. Je suis désolé, expliqua Sonoda.

Tout en parlant, Sonoda pensait qu'il avait eu de la chance de la retrouver. On l'avait appelé sur son portable juste après qu'elle avait disparu. C'était un ami du club de boxe. Il avait parlé de sa petite amie qui était sans doute enceinte. Il se demandait ce qu'il devait faire. Puis la conversation avait tourné sur les blessures par coups et c'est ainsi qu'il avait appris l'arrêt de la fabrication de cette graisse de cheval. Il avait décidé de rentrer en passant devant l'école parce qu'il avait entendu leur conversation et l'histoire de lapin de ce type bizarre qui venait souvent au magasin avec le chien. Il avait eu pitié de cette femme avec son visage défoncé, et comme il n'y avait rien de tel pour refermer les blessures, il lui avait fait cadeau du pot de graisse de cheval. Puis il s'était souvenu que c'était justement cet ami de la boxe qui le lui avait donné. La femme dit : « Oui », et elle lui rendit le pot de graisse. Sonoda le prit et se remit en marche.

XVI

MINAKO

Sonoda venait d'avoir vingt ans et cela faisait à peine six mois qu'il avait commencé la boxe. Une chemise, un pull et un pantalon dans son sac à dos, il avait pris l'habitude de courir une distance d'environ six gares pour rentrer jusqu'à son appartement. En courant, Sonoda pensait à l'homme au chien. « Ce taré, ça vaudrait mieux qu'il ne foute plus les pieds au magasin. » Le type semblait vivre seul dans un appartement de standing tout proche. Deux sculptures de lions mordorées trônaient devant l'entrée de l'immeuble où il habitait. Accompagné de son clébard, il se pointait presque toutes les nuits ou juste avant le lever du soleil pour acheter une boîte de pâtée pour chien, parfois une ampoule électrique ou une botte de branches de céleri. Il n'achetait que trois fois rien, mais restait deux ou trois heures dans le magasin jusqu'à ce qu'il trouve un client avec qui parler. Une fois par semaine, les employés qui travaillaient à plein temps et ceux qui, comme Sonoda, n'étaient qu'à mi-temps, se retrouvaient pour une réunion pendant laquelle on discutait de choses comme s'il ne faudrait pas rentrer plus de biscottes aux germes de riz puisqu'elles se vendaient bien en ce moment, ou encore de l'attitude à adopter avec cet homme qui finirait par causer un problème. Mais on arrivait toujours à la même conclusion : on ne ferait rien parce qu'il était avant tout un client.

Sonoda avait commencé la boxe dans des circonstances étranges. On lui avait enseigné depuis peu la technique de l'uppercut et il aurait bien aimé pouvoir vérifier la puissance avec laquelle il était capable de cogner, avec toute la force du bassin, par exemple dans la gueule de ce gosse de riches visqueux qui avait le même âge que lui. Il pouvait alors être certain de perdre son boulot et on lui demanderait probablement aussi de quitter le club de boxe. Sonoda ignorait ce qui se passerait par la suite, mais pour l'instant, il s'abstenait de cogner sur lui parce que son boulot lui plaisait et qu'il avait envie de continuer la boxe. Le type se pointait toujours au beau milieu de la nuit ou au petit matin, à l'heure où il y avait le moins de clients. Il était difficile de prétexter que sa présence gênait la clientèle. Il y avait un employé que Sonoda appréciait tout particulièrement et avec lequel il faisait souvent équipe, un type très doux qui s'était fait tatouer le logo de Seven Eleven, où il avait travaillé avant d'entrer chez Family Mart. L'homme au chien était vraiment un type qui vous mettait les nerfs et, si Sonada était convaincu qu'il était contraire au bon sens de laisser les types qui vous mettaient les nerfs déambuler à leur gré dans le magasin, il ne pouvait rien y faire sinon supporter.

Sonoda ne savait pas jusqu'à quel point l'homme au chien était riche. L'employé du Family Mart qui avait un tatouage de Seven Eleven lui avait raconté – il ne se rappelait plus quand exactement – qu'il l'avait vu avec sa mère au volant d'une Bentley gris métallisé. Cet employé qui connaissait bien les chiens avait ajouté que ce chien tout en longueur avec ce pelage gris était un fox-terrier d'une espèce assez rare qu'on ne trouvait que dans le nord de l'Angleterre et qui devait valoir au moins six cent mille yens chez Kennel sur Aoyama. L'homme au chien, qui n'habitait pourtant qu'à vingt ou trente mètres, portait très souvent des costumes et des chemises de fabrication italienne pour venir au magasin. Il se passait aussi de l'eau de Cologne avant de sortir. Son parfum était différent chaque soir mais on risquait toujours l'évanouissement à l'approcher d'un peu trop près. Personne ne comprenait ce qu'il venait vraiment faire chaque soir dans le magasin, mais ce qui était sûr, c'était qu'il ne se décidait jamais à partir avant d'avoir trouvé quelqu'un avec qui parler.

Sonada détestait le jogging mais son ami du club de boxe et le responsable de la salle lui avaient dit de courir et de s'exercer le plus possible, alors il courait en moulinant l'air de coups de poing qui n'atteignaient jamais personne. Sonoda se demandait pourquoi l'homme au chien l'obsédait tant. Hier, il n'était pas parvenu à se concentrer parce qu'il avait couru en pensant à cette fille plutôt jolie qui l'avait laissé la baiser tous les deux jours ces deux dernières semaines. Courir en pensant à la chatte, aux cuisses ou aux seins de cette fille qu'il imaginait aussi en train de le sucer, ça lui donnait l'impression que courir n'avait aucun sens. Mieux valait se concentrer sur l'homme au chien qui lui mettait les nerfs. L'homme au chien n'abordait jamais les clients ordinaires. Il choisissait systématiquement des SDF, des petits vieux sortis de leur province qui ne s'exprimaient qu'en patois, des handicapés physiques, des grognasses qui ne risquaient pas autrement d'être abordées par qui que ce soit, des travailleurs immigrés latino-américains ou chinois. Bref, des paumés, des gosses à la dérive, des personnes fragiles pour une raison ou pour une autre. La fille à qui il avait parlé tout à l'heure n'était pas spécialement laide. Mais son petit ami, qui était sans doute un type plutôt violent, venait de lui cogner dessus et elle avait le visage tuméfié. Sonoda pensa que c'était probablement la raison pour laquelle il l'avait abordée.

L'homme au chien ne s'intéressait qu'aux individus en situation de faiblesse qui auraient été prêts à crever en échange d'un peu d'affection. Il leur faisait des propositions étranges, toujours à voix haute afin qu'on puisse l'entendre jusqu'à la caisse. Il les invitait par exemple à venir chez lui pour leur montrer des photos de suicidés, de civils ou de soldats morts à la guerre. Il leur proposait de fabriquer du sarin – dont il connaissait la formule – puis d'aller répandre le gaz dans les rues. Il prétendait parfois être le coach d'un handicapé physique devenu catcheur professionnel ou avoir besoin d'aide pour envoyer en Corée du Nord une personne qu'il avait kidnappée. Parfois, il leur proposait de coucher avec une mamie de plus de soixante-dix ans qui était prête à payer cent mille yens pour se faire tringler, ou se vantait d'avoir pour animal domestique une femme amputée des bras et des jambes qui était toujours disposée à baiser pour peu qu'on vienne lui rendre visite. C'était principalement ce genre de discours qu'il leur tenait.

L'employé au tatouage de Seven Eleven s'était trouvé là le jour où il était venu avec sa mère. « Eh bien, tu sais pas, il appelait sa mère "maman" et il portait sous le bras un manuel scolaire de préparation aux examens d'entrée à l'université », avait-il raconté à Sonoda. Si l'homme au chien avait fréquenté un lycée public, on lui aurait réglé son compte en quelques heures. L'attitude qu'on avait avec lui au magasin était trop ambiguë et c'était la raison pour laquelle il ne lui arrivait jamais rien. Sonoda avait refusé de retourner au lycée pendant les vacances d'été. Il était en deuxième année. Il aurait préféré mourir plutôt que d'avoir à y remettre les pieds. C'était une école préparatoire – le niveau y était très moyen – située à la limite de Tôkyô et de Saitama, en fait un camp régi par une règle tacite, punitions et violence. Les parents de Sonada travaillaient dans une boîte de commerce. Il était leur second fils et, s'il avait passé son enfance à se battre avec son frère aîné, s'il avait été capable d'endurer les sévices qu'ils s'infligeaient l'un l'autre, il n'avait jamais réussi à s'habituer à la règle qui régissait cette école. C'était une règle qui commandait de ne jamais se mettre personne à dos. Au bout d'un mois, la règle était si bien intégrée que chacun aurait préféré mourir plutôt que de se retrouver dans le collimateur de qui que ce soit.

Sonoda avait un ami du collège qui avait refusé d'aller au lycée dès la première année et qui avait dû ensuite être interné en hôpital psychiatrique. Quand ce garçon avait cessé d'aller au lycée, un de ses professeurs avait demandé à Sonoda d'aller lui rendre visite chez lui. Sonoda n'était pas prêt d'oublier l'expression de terreur qu'il avait vue sur le visage de son ami. Quand il s'était pointé chez lui un après-midi, le garçon dormait encore et sa mère était allée le prévenir qu'il avait une visite. Il avait fini par se montrer, en pyjama. Sonoda ne l'avait pas revu depuis deux mois et il avait eu du mal à le reconnaître tellement il avait maigri. Cela faisait environ deux heures qu'il jouait à Derby Stalion II dans sa chambre quand il avait déclaré : « Hé ! Sonoda, tu savais qu'à force de faire le fou, on devient vraiment fou ? » Il avait dit ça en riant, mais son rire avait quelque chose d'étrange. Il avait ri pendant deux bonnes minutes, un rire terrible comme le crissement des pneus d'une voiture qui aurait freiné brutalement. Sonoda en avait eu froid dans le dos.

— Hé ! Sonoda, qu'est-ce que t'en penses, toi ? Moi, je crois que tous les hommes vivent avec un masque sur le visage.

Un message s'était mis à clignoter sur l'écran du jeu vidéo annonçant que le cheval allait finir par crever si on ne le laissait pas se reposer un peu. Mais il avait continué à jouer. Voilà ce qu'il avait dit à Sonoda. Ce n'était pourtant pas le genre de garçon à dire des trucs pareils, ni, quand ils étaient encore au collège et qu'ils jouaient à Derby Stalion I, à laisser courir un cheval fourbu.

— J'ai oublié son nom, mais y a un acteur célèbre qui vient de mourir et ils ont passé un de ses films sur la chaîne par satellite. Comme j'avais le temps, j'ai regardé. Y avait une scène super horrible. *Le Joueur de flûte*, c'est le titre du film. L'acteur joue le rôle du héros et il se fait attraper par une bande de méchants qui lui mettent sur le visage un masque dont il ne pourra absolument plus se débarrasser. Quand ils le lui mettent, l'autre, le héros, il souffre comme un fou et se débat. C'est un masque qu'on ne peut plus retirer et quand les méchants le voient avec le masque, ils se mettent à rire bruyamment. Ça m'a foutu la chair de poule. Et depuis, je n'arrête pas d'y repenser. Je me demande s'il n'y a pas quelqu'un qui m'a mis un masque sur le visage sans que je m'en rende compte, un masque qu'on ne pourra plus enlever. Parce que depuis j'ai l'impression que tout le monde me regarde. Quand je suis allé avec ma mère à la visite médicale, ils ont dit que j'avais une maladie des nerfs, ils appellent ça une « phobie du regard ». Même dans les salles de jeux vidéo, même si tout le monde fait semblant de jouer, j'ai l'impression qu'on me regarde. Et où que j'aille, c'est pareil : j'ai l'impression que tout le monde me regarde et se marre. Et tu sais pourquoi ils rient ? A cause du masque. Ensuite, je me suis demandé qui avait bien pu me mettre ce masque. Eh bien, je crois que c'est forcément quelqu'un de ma famille. C'est pas un masque comme dans le film. Dans le film, c'était un vieux masque, maintenant ils ont fait des progrès et ils ont plein de matériaux nouveaux, de la silicone, des machins comme ça. C'est des trucs qui collent si bien au visage que tu te rends pas compte quand on te le met. Ils doivent avoir des masques complètement transparents. Mais depuis que j'ai ce masque, moi aussi, je ne peux pas m'empêcher de rire même s'il n'y a rien de drôle : je suis forcé de rire si quelqu'un rit, même si j'ai pas envie de rire. Tu ne trouves pas ça étrange ? J'ai toujours fait ce que j'avais envie de faire : si j'avais pas envie de faire un truc, y avait rien pour m'obliger à le faire. A la maison, quand ma vieille m'appelle, si je commence à me demander avant de lui répondre si c'est parce que j'ai envie de répondre que je réponds, ça me fout les nerfs. Alors à la maison, je pique des crises. Pourtant je ne suis pas maltraité, j'ai rien contre mon père ou ma mère. Je voudrais bien aller à l'école mais je n'ai parlé du masque à personne. Alors j'ai décidé de faire comme si j'étais fou car j'ai pensé que mes parents seraient tristes si je leur disais que je ne voulais plus aller à l'école. « Je veux plus aller à l'école parce que j'entends des bruits bizarres qui me font peur. » Voilà ce que je leur ai dit. « Quel genre de bruits ? — Une foule riant aux éclats, comme dans les émissions à la télé lorsque l'invité arrive sur le plateau. » Je leur ai dit que c'était ce genre de voix que j'entendais. Ils m'ont emmené à l'hôpital et j'ai répété la même chose au médecin qui a dit à ma mère que c'était sans doute une forme de schizophrénie. Ma mère, elle, elle ne m'a rien dit à moi, c'est mon père qui me l'a dit et il était pas content. C'était pas grave au point de m'hospitaliser mais je pouvais plus aller à l'école. J'ai bien cru un moment que j'avais gagné mais peu après, j'ai commencé à vraiment entendre des voix. Je venais de faire tous les niveaux à F.F.Five. Là, j'ai paniqué. J'ai téléphoné à je ne sais plus combien de personnes pour vérifier. C'est vrai que j'aurais pu te téléphoner à toi aussi parce que t'es sympa. Eh bien, les rires que j'avais entendus au dernier niveau, hein ! Ces rires et ces bruits bizarres n'étaient pas dans le jeu. Et puis, ces rires ne provenaient pas non plus des enceintes de la télé. Ça venait de derrière moi ou du plafond. Je me suis dit que j'étais foutu. Mais c'était trop tard pour regretter : il ne me restait plus qu'à continuer à faire le fou. En ce moment, avec les médicaments que je prends, ça va. Mais si j'arrête d'en prendre, je recommence à entendre les rires. »

Sonoda s'était souvenu de ce garçon lorsqu'il avait lui aussi décidé de ne plus aller au lycée et il avait bien cru qu'il allait finir comme lui. Il s'était absenté trois jours parce qu'il était tombé malade et lorsqu'il était retourné au lycée, il avait eu l'impression que les professeurs et tous les autres élèves portaient un masque transparent. Il avait eu peur et il avait senti son cœur bondir si fort dans sa poitrine qu'il avait cru qu'il allait le cracher par la bouche. Il avait réussi à tenir la journée, mais après ça, il s'était senti mal, dans le même état qu'un type qui aurait souffert trois mois sans interruption. Il avait cessé d'aller à l'école et il avait pensé qu'il allait finir comme cet ami. Sonada était convaincu que c'était à cause de cet ami qu'il avait arrêté ses études. Quand il avait cessé d'aller au lycée, on l'avait envoyé dans la maison familiale de ses parents à Nagano donner un coup de main à la culture des légumes d'altitude. Il avait aussi commencé à fréquenter un séminaire pour les ados qui, comme lui, refusaient d'aller à l'école. Puis il avait passé six mois chez un oncle du côté maternel, à Minneapolis dans l'Etat du Minnesota aux Etats-Unis, avant de voir un reportage à la télé sur un type qui tenait seul une salle de boxe. Il s'y était rendu tout de suite.

Sonoda courait en se demandant pourquoi on laissait l'homme au chien déconner en toute liberté, alors que lui avait été plus ou moins forcé d'abandonner le lycée. L'air qu'il expirait formait une traînée de vapeur blanche qui coulait derrière lui. Il ne courait que depuis cinq minutes mais il avait déjà mal aux muscles des jambes. Il avait lu dans un magazine sportif que la fatigue était un phénomène chimique. Il commençait à comprendre ce que cela voulait dire, il avait l'impression que de la poudre de piments rouges s'était accumulée dans ses mollets et ses chevilles. Il faisait encore sombre mais le jour n'allait pas tarder à se lever. Il y avait peu de voitures dans les rues. Si Sonoda n'aimait pas courir, il ne trouvait pas désagréable la sensation de son corps obligé de résister à la fatigue par le simple effort de sa volonté. La ville était encore endormie. Le jour allait bientôt se lever. Depuis qu'il travaillait au Family Mart, il avait appris, en rentrant tous les soirs en courant, comment la nuit prenait fin et comment le jour finissait par se lever. Le jour ne venait pas après la nuit comme on aurait tourné la page d'un éphéméride. Il y avait un moment intermédiaire qu'exprimait un mot anglais qu'il avait appris à Minneapolis et qui sonnait bien mais dont il ne se souvenait plus. Sonoda courait maintenant en se dirigeant vers l'est. Il pouvait voir la silhouette des gratte-ciel de Nishi-Shinjuku se découper à l'horizon. On ne distinguait encore que des silhouettes grises et noires, mais au-delà de la dizaine de gratte-ciel, le ciel semblait déchiré par une tache rose qui s'élargissait lentement en gagnant sur l'obscurité de la nuit. Lorsque l'horizon se colora, les premiers rayons du soleil commencèrent à se réfléchir sur les vitres et les parois métalliques des bâtiments. Dans le ciel, c'étaient les nuages qui étaient le plus clairs. Les gratte-ciel commençaient à apparaître comme sur une photo qu'on développe, lorsque l'image prend forme au contact du révélateur. En regardant le ciel, il comprit que la nuit s'enfuyait en flottant vers l'ouest.

Puis venait cet instant particulier où le ciel se teintait d'un bleu profond transparent. Pendant ces quelques minutes, l'haleine blanche produite par sa respiration se colorait aussi en bleu.

On disait que quatre élèves de la classe de Sonoda étaient entrés dans la secte Aum Shinrikyo et il pensait que c'était dû au fait qu'ils n'avaient pas arrêté le lycée. Entrer chez Aum : c'était sans doute ce qu'ils avaient trouvé de mieux à faire. Sinon, ils seraient allés à l'université. Ensuite, ils auraient travaillé dans une entreprise, et après tout ça, s'il se trouvait encore des types pour ne pas tomber malades, c'est qu'ils étaient blindés. Il n'y avait vraiment que les types blindés pour ne pas tomber malades. Ouais, mais ils crèveraient tous, tout d'un coup, un jour. Cet ami qui entendait des rires avait réussi les examens d'entrée d'une université tout en restant suivi par un hôpital psychiatrique. Il se spécialisait maintenant dans l'histoire des Balkans. Lui, c'était le plus blindé de tous.

Une Skyline rouge dépassa Sonoda et s'arrêta trois mètres plus loin.

— Où est l'entrée du périphérique ?

La conductrice du véhicule interrogea Sonoda après s'être glissée sur le siège du passager pour baisser la vitre. Il faisait encore sombre mais la femme portait des lunettes noires. Ses cheveux étaient en désordre, un désordre peu naturel. Tout en continuant à sautiller sur place, Sonoda demanda :

— L'entrée ? Quelle entrée ?

— La plus proche, n'importe laquelle. C'est par où ?

Elle parlait très calmement mais on la sentait irritée. La voiture était immatriculée dans la préfecture de Gunma, ce qui signifiait qu'elle était du coin.

— Hé ! Mais c'est qu'il y en a plein, des autoroutes, et qui partent dans toutes les directions... Alors si vous ne me dites pas où vous voulez aller, vous risquez de prendre la mauvaise entrée et d'être obligée de faire un sacré détour. Où est-ce que vous allez ?

Où est-ce que vous allez ? lui demandait-on. Minako ne savait pas. Il n'y avait aucun endroit précis où elle eût à se rendre. Elle était encore sous le choc et elle s'était dit qu'elle devait absolument parler à quelqu'un, sinon sa tête allait exploser. Elle avait garé sa voiture. Minako pensa qu'elle ferait sans doute mieux de cesser de parler à cet homme. « Faut être plutôt con pour faire du jogging à cette heure. Et pourtant il n'a pas l'air si con. Tu ferais mieux de pas trop parler. Il pourrait se douter de quelque chose. T'as bien tout vérifié avant de partir, mais cela ne veut pas dire qu'il n'y a plus de sang dans le coffre. »

— Eh bien, merci. Je vais à Shinjuku, dit Minako en desserrant le frein à main.

— Shinjuku ? Mais c'est Shinjuku, ici ! Vous cherchez l'entrée du périphérique à Shinjuku, c'est ça ?

Minako ne répondit pas à la question, remercia une seconde fois et démarra. Le garçon qui faisait son jogging fit une drôle de tête. Minako pensa qu'elle n'aurait sans doute pas dû décider de transporter le cadavre dans sa voiture. Si je me dépêche, j'ai peut-être encore le temps de le ramener chez moi avant que le jour se lève. Ça serait sans doute plus sûr de le découper en petits morceaux et de l'évacuer par les toilettes, réfléchissait-elle.

XVII

CHIHARU

Elle décida de rentrer chez elle mais se rendit compte aussitôt qu'elle ne parvenait pas à se rappeler où elle habitait et se mit à paniquer. En faisant un effort pour essayer de se souvenir de l'endroit où elle habitait, elle commença à ne plus vraiment comprendre ce qu'elle faisait ici. Elle se dit qu'elle aurait probablement mieux fait de ne pas parler avec le joggeur. Tous les détails de la scène au cours de laquelle elle avait tué cet homme lui étaient revenus en mémoire les uns après les autres, et elle avait eu l'impression que sa tête allait exploser. Elle s'était dit qu'elle allait finir par avoir un accident si elle continuait ainsi et c'était la raison pour laquelle elle avait décidé de s'arrêter pour parler à quelqu'un. Mais cela avait, semble-t-il, produit un effet contraire. Elle devait probablement rouler non loin de chez elle en se demandant ce qu'elle était en train de faire. Elle sentait confusément qu'il y avait encore un tas de choses qu'elle avait à faire. Mais quelque chose empêchait son esprit de fonctionner normalement.

Il fallait d'abord décider si elle rentrait chez elle ou si elle allait en voiture jeter le cadavre quelque part. En sortant de chez elle, elle avait pensé aller jusqu'au pied du mont Fuji. On disait qu'il y avait là une forêt si profonde, appelée Jukai, qu'on n'y retrouvait jamais les gens qui s'y perdaient. Voilà ce dont elle s'était souvenue en quittant la maison et cela l'avait décidé. Prendre la route Chuo jusqu'à Jukai. Elle ne se souvenait que d'avoir pensé à ça en quittant la maison. Mais si elle devait à présent faire un aller-retour jusqu'au mont Fuji, elle arriverait certainement en retard à son travail. Minako regarda sa montre. Il était un peu plus de quatre heures et quart. Elle était déjà allée plusieurs fois jusqu'au mont Fuji. On prenait la route Chuo jusqu'au lac Kawaguchi puis une route appelée Subaru Line. Il lui faudrait au moins deux heures jusqu'à la cinquième intersection. Et si elle se débrouillait mal, elle risquait au retour de se trouver prise dans les embouteillages du matin. Il lui faudrait ensuite rentrer chez elle, se doucher, se maquiller, choisir ses vêtements et prendre son petit déjeuner. Elle n'arriverait pas à temps pour la réunion de ce matin. Elle avait mis trois jours à rédiger ce rapport pour la journée d'information consacrée à la présentation du nouveau logiciel de télécommunication. Elle avait tout de suite été séduite par l'idée d'interroger une femme écrivain qui ne connaissait absolument rien aux technologies de pointe. Ça, c'est une approche nouvelle, avait-elle pensé. Vu l'heure qu'il était, elle n'avait plus le temps d'aller jusqu'au mont Fuji. Pourquoi avait-elle tant traîné avant de partir ? Elle avait tué cet homme juste après le repas du soir et si elle était partie tout de suite, elle aurait pu facilement être revenue à temps. Pourquoi avait-elle tant traîné ? Perdue dans ses pensées, Minako faillit griller un feu et écrasa brutalement la pédale de frein. La voiture fit une légère embardée avant de s'immobiliser. Elle entendit un bruit de roulement dans le coffre arrière et ce bruit sourd lui fit se souvenir qu'elle s'était mise en retard parce qu'elle avait dû découper le cadavre en morceaux. Non pas qu'il ne pouvait pas tenir dans le coffre, mais il était trop lourd et elle n'aurait pas pu le porter seule. Elle avait eu besoin d'une scie pour découper le corps et il lui avait fallu du temps pour en trouver une. Cet homme avait la peau trop flasque. Minako n'était pas arrivée à tailler les chairs avec la scie. Elle n'avait pas beaucoup de force dans les bras et la lame de la scie se tordait sans cesse. Elle avait perdu un temps précieux avant de comprendre qu'il fallait commencer par entailler les chairs avec un couteau de cuisine pour pouvoir ensuite utiliser la scie.

Elle avait coupé le cadavre en six morceaux qu'elle avait disposés dans des sacs-poubelles noirs qu'elle avait triplés car elle avait eu peur que les os ne les transpercent en frottant sur les parois. Elle avait découpé en petits morceaux les viscères et les autres organes sanguinolents avant de les jeter par la bonde de l'évier de la cuisine. Elle avait mis les morceaux qui ne passaient pas dans un sac-poubelle bleu, le sac destiné aux déchets organiques, et elle l'avait déposé à l'endroit où les éboueurs passaient ramasser les ordures ménagères. Elle avait versé du désodorisant sur les viscères qui commençaient déjà à pourrir ainsi qu'une bonne quantité d'aromates de cuisine, du thym, de la cannelle, de la muscade et du paprika.

Minako pensa qu'elle devait à tout prix reprendre ses esprits. Elle avait pourtant planifié calmement le meurtre puis le découpage « administratif » du cadavre. Elle se rendit compte qu'il n'y avait que très peu de différences entre les hommes et les animaux lorsqu'ils se trouvent réduits à l'état de bouts de viande. Elle était assaillie, sans en savoir la cause, par des flash-back qui lui donnaient l'impression d'être dans le film d'horreur le plus effrayant qu'elle ait jamais vu. Elle ne savait plus ce qu'elle devait faire, penser ou décider. Elle avait beau essayer de se concentrer, son esprit était aussitôt assailli d'images horribles, comme celle des champignons *enoki* ensanglantés, qui l'empêchaient de se concentrer. C'étaient les champignons que cet homme avait mangés pendant le dîner et qui étaient apparus quand elle lui avait ouvert le ventre, baignant dans le sang et non encore digérés. Elle avait d'abord cru qu'il s'agissait d'un genre d'insectes parasites. Puis elle avait reconnu les champignons qu'elle avait fait revenir dans du beurre fondu et qu'elle avait servis pour le dîner. Cette image venait de resurgir brusquement devant ses yeux et elle ne parvenait pas à la chasser. Les champignons semblaient enfler dans sa tête. Minako conduisait et crut qu'elle allait finir par devenir folle. Elle avait la gorge sèche, nouée. Elle respirait difficilement et chercha violemment à reprendre son souffle. Elle se rendit compte qu'elle avait soif.

Il lui était difficile de se souvenir de ce qu'on devait faire ou chercher lorsqu'on avait soif. Sa mémoire avait durci comme de la gelée. Elle parvint toutefois à se souvenir vaguement que ce qu'elle cherchait devait se trouver dans la rue. Minako gara sa voiture et examina la rue. Il lui fallut un temps considérable avant de repérer un distributeur automatique de boissons. Sa main tremblait quand elle introduisit les pièces de monnaie dans la fente. Tout en buvant très lentement une canette de Java Tea, son regard finit par être accroché par un téléphone public installé près d'un magasin d'alcools dont le rideau métallique était baissé. Elle n'avait pourtant qu'à presser sur le petit bouton vert de son portable mais elle se demanda pourquoi ce téléphone public vert l'émouvait autant. Minako se dit que parler avec quelqu'un lui permettrait sans doute de se calmer. Il n'y avait guère que ses parents parmi les personnes qu'elle connaissait pour être déjà levés à cette heure. Son père était le fondateur d'une entreprise de matériels de bureau. Mais à cause de la maladie de sa femme, il avait confié à son chef de service le soin de gérer la fabrication des appareils électroniques et il était retourné vivre dans les environs de Nara, laissant Minako, sa seule fille, habiter la maison de Tôkyô. Il s'occupait en cultivant des légumes macro-biologiques avec sa femme. Il avait publié un recueil de haïkus et étudiait les classiques chinois. Il disait qu'il se levait tous les jours à quatre heures pour aller se promener dans les champs qui serpentaient entre les collines.

— Qu'est-ce qui se passe pour appeler si tôt ?

C'était sa mère qui avait décroché. Etait-ce par timidité, mais son père ne parlait pas souvent à Minako. Minako répondit qu'elle avait travaillé toute la nuit pour finir un rapport qu'elle devait présenter à une réunion très importante. Elle arrivait à parler normalement car elle n'avait pas l'impression de mentir, même si ce n'était pas hier soir qu'elle avait rédigé sa présentation du projet. Elle dit à sa mère qu'il n'y avait rien de spécial, qu'elle avait simplement travaillé toute la nuit pour écrire ce rapport, qu'elle n'arrivait plus maintenant à s'endormir et qu'elle avait eu envie de téléphoner.

— Tu travailles encore dans cette entreprise qui fabrique des ordinateurs ? demanda sa mère. Minako lui expliqua qu'elle ne travaillait pas pour une entreprise qui fabriquait des ordinateurs, mais pour une entreprise qui importait et vendait des logiciels pour ordinateurs.

— Tu sais bien que moi, je n'y comprends rien à ces choses-là. Fais bien attention à ne pas te surmener quand même, dit sa mère. Prends soin de toi. Tu sais bien que tu as toujours été d'une santé fragile. Il ne faut pas travailler comme ça toute la nuit.

Sa mère était une femme psychologiquement fragile. Quand elle était jeune, les médecins avaient diagnostiqué une dépression nerveuse. Elle avait du mal à communiquer avec autrui et, à l'exception des leçons de danse classique où elle se rendait avec Minako, elle ne sortait quasiment jamais. Quand Minako était à l'école primaire, elle s'était demandé si elle n'était pas, en quelque sorte, une marionnette que manipulait sa mère. Cette idée la tourmentait car elle se demandait si elle ne finirait pas par perdre, elle aussi, sa santé mentale. Quand la perspective d'aller à l'école lui devint insupportable, elle commença à souffrir de boulimie. Elle ne parvenait à oublier ce qui la tracassait que lorsqu'elle avait quelque chose dans la bouche, quelque chose qu'elle puisse mâcher avant de l'avaler. Sa mère se mit à la priver de nourriture sous prétexte que, si elle grossissait, elle ne pourrait plus faire de danse, ce qui ajouta un stress supplémentaire. Quand elle commença à grossir pour de bon, sa mère lui dit qu'elle ne la reconnaissait plus comme sa fille. Minako cessa d'aller à l'école et fut envoyée dans une institution pour enfants souffrant de troubles de l'alimentation. Elle détestait l'école et on avait pensé qu'il valait mieux l'éloigner de sa mère. Minako s'habitua tout de suite à sa nouvelle vie dans cette institution, mais elle était angoissée à l'idée de perdre les amies qu'elle avait avant. Elle se mit alors à leur écrire presque chaque jour, des lettres adressées à son ancienne école. Mais personne ne lui répondit et elle cessa d'écrire au bout de deux semaines. Elle comprit aussitôt qu'elle ne pourrait jamais leur pardonner. Elles étaient toutes dans la même classe et Minako décida de rentrer dans la meilleure université : elle les écraserait toutes. En quittant l'institution, elle se mit à étudier. Elle tombait souvent malade et dut être hospitalisée à plusieurs reprises. Elle refusait de lâcher ses bouquins, même pendant les perfusions. Elle réussit l'examen d'entrée de l'université qu'elle avait choisie et se jura de les surpasser toutes, même dans le travail. Comme elle ne voulait pas qu'on puisse dire qu'elle avait été pistonnée par son père, elle travailla dur pour entrer dans le service « projet » de la branche japonaise d'une entreprise américaine qui développait des logiciels de télécommunication. Elle eut droit à un article dans *Gravia*, un magazine féminin, où on la présenta comme le modèle de la *career woman* des entreprises de pointe. Elle fut aussi interviewée pour une émission de télévision et devint une habituée des restaurants, des bars et des clubs à la mode où se retrouvaient les personnes de qualité.

— Tu ferais mieux de dormir un peu avant d'aller travailler. Tu as encore un peu de temps, n'est-ce pas ? conseilla la mère d'une voix douce.

Minako repensa à cet homme en se disant que c'était la voix douce de sa mère qui avait fait d'elle une marionnette. Cet homme était garçon de café dans un bar qu'on disait maintenant très à la mode, mais qui avait d'abord eu mauvaise réputation. Il n'y avait pas encore huit mois qu'ils s'étaient rencontrés. Il venait d'avoir vingt-quatre ans, quatre ans de moins que Minako. Il s'était approché d'elle alors qu'elle se trouvait près des toilettes et lui avait dit qu'il l'avait vue dans le magazine. Il lui avait demandé sa carte de visite en souvenir. Depuis ce jour, il s'était mis à l'appeler toutes les heures. Minako lui avait demandé d'arrêter de l'appeler, mais il avait continué. Quelques jours plus tard, elle l'avait trouvé l'attendant à la sortie de son lieu de travail, un bouquet de roses dans les bras. Minako n'avait pas accepté le bouquet ni daigné lui répondre quand il avait commencé à lui parler, non pas qu'elle ait eu un autre homme dans sa vie : elle n'éprouvait simplement aucun intérêt pour un homme aux cheveux longs et, qui plus est, plus jeune qu'elle. Il venait tous les jours l'attendre devant son lieu de travail et les collègues masculins de Minako avaient beau lui demander de cesser de l'importuner, rien n'y faisait. Minako finit par se rendre au café où il travaillait. Elle se mit à crier en lui demandant s'il n'avait pas honte. L'homme éclata soudain en sanglots et promit en reniflant de ne plus venir l'importuner devant son entreprise ni de lui téléphoner. Minako fut très surprise car c'était la première fois qu'elle voyait quelqu'un pleurer devant elle. Et elle n'avait encore jamais fait pleurer qui que ce soit. Elle ne ressentit que du mépris pour cet homme, mais elle lui promit d'aller prendre un café avec lui. Après son service, ils se rendirent tous les deux au bar d'un hôtel que fréquentait souvent Minako. L'homme lui raconta qu'il était musicien. Il jouait de la basse et chantait dans un groupe. Il lui dit qu'il se sentait à la merci des boîtes de production et qu'il n'avait aucune chance de vendre sa musique s'il ne réussissait pas à plaire aux collégiennes. Il dit aussi qu'il n'avait encore rien enregistré mais qu'il n'était prêt à aucun compromis avec les producteurs. Ils ne burent pas de café mais plusieurs tequila-rock. Minako le ramena chez elle et ils se mirent au lit. Mais l'homme ne bandait pas. Minako pensa qu'il avait simplement trop bu. Elle le taquina gentiment : « Dis-moi, pour un garçon aussi jeune… » mais il se mit à pleurnicher. Il expliqua calmement en sanglotant que c'était à cause de la drogue qu'il prenait en Angleterre, il y a trois ans, quand il était étudiant. Minako comprit plus tard que le séjour en Angleterre était un bobard. En regardant cet homme pleurer pour la deuxième fois de la journée, elle se rendit compte qu'elle l'avait ramené chez elle non pas pour coucher avec lui mais pour le voir pleurer à nouveau. A la longue, elle finit par le guérir de son impuissance. Cela n'avait pas été une chose bien difficile. Il aimait qu'on lui lave les cheveux. Quand elle lui savonnait les cheveux, il se détendait, fermait doucement les yeux et se mettait à bander.

Lorsqu'ils commencèrent à vivre plus ou moins ensemble, Minako s'aperçut qu'il sortait aussi avec une autre fille. Une fille de vingt ans qui bossait pour un salon de massage ou un club de rencontres. Il lui avait donné leur numéro de téléphone et un jour, c'est Minako qui répondit lorsque la fille appela. « Vieille pute, dit la fille. T'es qu'une salope, la prochaine fois, j'fous le feu à ta baraque. »

Minako lui raconta ce qui venait de se passer et l'homme demanda aussitôt pardon en pleurant. Il appela la fille et l'engueula devant Minako. Mais par la suite, il continua de sortir avec d'autres femmes. Toujours des prostituées. Il semblait ne prendre aucune précaution pour lui dissimuler ses aventures. Lorsqu'elle l'interrogeait au sujet de ces femmes, il commençait par nier puis finissait par craquer. Il suffisait par exemple d'un coup de téléphone ou qu'elle prétende l'avoir fait suivre par un détective privé pour que son attitude change brusquement et qu'il s'effondre en pleurs sur le parquet. « C'est elle qui m'a proposé de coucher. » « C'est une fille de yakuza qui m'a menacé. » « C'est une ancienne camarade de classe qui vient de s'enfuir de chez elle et qui n'avait personne d'autre sur qui compter. » Il donnait toujours ce genre d'explications. Minako commença à se demander s'il ne sortait pas avec d'autres femmes simplement pour être démasqué et pour pouvoir pleurer en s'expliquant devant elle. Il devait aimer pleurer. C'était toujours pareil, elle avait beau le menacer sérieusement, rien n'y faisait. En fait, peu lui importait. Mais quand elle tomba enceinte, elle comprit qu'elle ne pourrait pas faire autrement que de le tuer.

— Tu manges correctement au moins ? Ne mange pas toujours dehors, c'est mauvais pour la santé !

Quand Minako tomba enceinte, le comportement de l'homme changea.

— J'vais pas t'dire d'avorter. Pour moi, c'est pas un problème si t'es enceinte. T'en as envie, non ?

Ça fait un bon bout de temps que j'crois que si t'avais un enfant, notre vie changerait complètement. Moi aussi, je voudrais changer. J'ai envie de changer. Et pour changer, j'ai envie de tout recommencer à zéro. On va changer complètement de vie. Jusqu'à présent, on n'a pas bien vécu. Je t'ai trahie plusieurs fois. Et pas seulement toi. Et à tous les points de vue. J'ai un gros trauma dont je ne t'ai encore jamais parlé. Enfant, j'ai été maltraité. Je me traitais moi-même de « magasin des mauvais traitements ». Et le pire, hein, c'est quand on m'approchait de l'œil la pointe d'un compas. Les gosses maltraités, c'est toujours les mêmes. Et ceux qui torturent, c'est jamais des types qui, comme moi, marchent bien à l'école, jamais des types qui font du sport. Les types qui marchent bien à l'école, ceux qui jouent au foot, ils n'ont jamais de problèmes et en plus, ils n'ont aucune raison de s'en prendre à qui que ce soit. Mais pour les bandes qui torturent, ça c'est un véritable spectacle. Ceux qu'ils brutalisent sont toujours les mêmes et ça se décide d'une manière presque tacite. Ça se dessine petit à petit. Les types qui torturent, ils risquent toujours de se retrouver dans la position d'avoir à subir un jour la même chose. Et quand ils pensent à ça, ça les angoisse. Il s'agit donc d'abord de créer une différence. Ceux à qui s'en prennent ces types sont en général ceux qui ont de moins bons résultats scolaires, ceux qui sont un peu lents, ceux qui sont un peu laids, ceux dont on peut se moquer sans problème : ce sont ces gosses-là qui deviennent rapidement leurs cibles. Les types faciles à torturer, c'est ceux qui résistent à la douleur, ceux qui pleurent tout de suite, ceux qui se relèvent aussitôt qu'on les frappe. Ça, c'est l'idéal. On peut en faire des esclaves, leur faire bouffer une godasse, les traîner à quatre pattes comme des chiens, les gosses qui subissent tout ça en rougissant, pour eux, ces gosses-là, c'est les meilleurs. Les profs ne se rendent compte de rien et ça fait jamais d'histoire. Les gosses qui étudient bien, ceux qui font du sport, les gosses bien dans leur peau, ceux qui savent argumenter, pour ces gosses-là, hein, faudrait faire plein d'écoles. Rien que pour eux. Les spectateurs, ce sont les types qui vont former l'élite. Ces mecs-là, c'est le ministère de l'Education qui décide qu'ils vont devenir l'élite. Ensuite, y a les profs qui sont payés pour ça. Autrement dit, les profs, ils se tiennent du côté de ceux qui torturent. Moi, je me disais que je les descendrais tous quand j'aurais fini l'école. J'avais même fait des économies pour payer un tueur et c'est pour ça que j'ai pu supporter tout ce qu'ils m'ont fait subir. Quand j'y repense, j'étais franchement con. J'aurais dû fuir. Mais je n'ai pas fui. Et c'est pour ça qu'ensuite j'ai tout laissé tomber, même l'université. Depuis, j'arrête pas de fuir. Mais en te rencontrant, j'ai compris que tout ça allait changer. Il y a longtemps, j'ai lu dans un livre de psychologie que le sentiment de responsabilité chez l'adulte vient avec l'enfant. Tu vas voir comme je vais changer. Je vais faire tout ce que je peux. Je te le jure. Ici, maintenant. Tu peux même me briser un doigt.

Il avait longtemps parlé devant Minako sans pleurer. Minako n'avait absolument pas envie d'avoir un enfant. Que ce soit un garçon ou une fille, il aurait immanquablement à faire les mêmes expériences qu'elle. C'était écrit. Et elle ne savait pas comment elle pourrait le supporter. Elle était convaincue qu'un enfant ne pouvait plus désormais devenir adulte sans avoir à faire de sinistres expériences. L'homme lui déclara qu'il la dénoncerait à son travail si elle avait vraiment l'intention d'avorter. « J'irai leur parler de toi et de moi, et je leur dirai que tu es enceinte. » Minako comprit qu'il parlait sérieusement. Elle avait des nausées et son ventre commençait à s'arrondir. Le soir, elle avait de petites fièvres. Et quand l'homme, en posant une oreille sur son ventre nu, lui dit que l'enfant bougeait sans doute déjà, elle pensa qu'il ne lui restait plus qu'à le tuer.

— Dis-moi, les *enoki* que je t'ai envoyés récemment, ils étaient comment ?

Elle lui avait fait manger les champignons que lui avait envoyés son père. Elle lui avait ensuite proposé de lui laver les cheveux et lui avait demandé de l'attendre dans la salle de bains. Le temps d'aller chercher un couteau de cuisine. L'homme avait gardé les yeux fermés.

— Très bons, répondit-elle avant de raccrocher.

— Si vous avez fini, je peux téléphoner ?

Elle entendit une voix de femme et son cœur se mit à battre très fort.

— Excusez-moi, balbutia-t-elle, puis elle courut jusqu'à sa voiture.

— Hé ! Vous oubliez quelque chose, hé !

L'appareil avait rendu deux pièces de cent yens. Chiharu appela la femme en se dirigeant vers sa voiture. Mais à l'intérieur du véhicule, la femme agita la main pour dire que ce n'était pas à elle et démarra.

— Banco ! murmura Chiharu.

Elle décrocha le combiné et fit glisser dans la poche de son manteau les pièces abandonnées par la femme.

XVIII

SUGINO

Chiharu ouvrit le cahier de moyen format qu'elle tenait dans la main gauche. Les pages du cahier étaient principalement couvertes de chiffres. Chacune était divisée en deux colonnes. A gauche, elle reportait les numéros de série des téléphones publics. Chiharu écrivit dans le cahier le numéro de série du téléphone devant lequel elle se trouvait. A droite, elle écrivait les numéros de téléphone déjà appelés. Chiharu choisit un numéro dans la liste, introduisit dans la machine une carte de téléphone représentant une poupée de bois de la région de Yamagata et composa le numéro. Elle tomba sur un répondeur. La voix enregistrée du répondeur n'était pas une voix humaine, mais une voix neutre de machine, une voix masculine. « Je suis absent pour le moment, mais vous pouvez laisser votre message après le bip sonore. Si vous désirez envoyer un fax, appuyez sur la touche envoi. »

Chiharu inscrivit sur son cahier « R » et « A ». « R » pour répondeur et « A » quand il s'agissait d'un message préenregistré dans l'appareil. Depuis quelque temps, c'étaient souvent « R » et « A » pour les répondeurs. On trouvait aussi les lettres « E » et « M » en face de certains numéros. « E » pour entreprises et « M » pour magasins, ou restaurants. Il lui arrivait – quoique plus rarement – d'écrire en rouge le nom de la personne correspondant au numéro. C'étaient les numéros des « personnes connues ». « Personnes connues » ne signifiait pas nécessairement « amis ». Chiharu avait très peu d'amis car elle ne sortait presque jamais de chez elle, sinon lorsqu'un homme prenait rendez-vous avec elle. Il y avait donc très peu de raisons pour que le nombre de ses amis augmente. Une « personne connue ». Quelqu'un de « connu » était quelqu'un qui répondait quand elle composait un numéro « connu ». Voilà ce que Chiharu entendait par « personne connue ». Si on s'amusait à compter le nombre de fois où elle composait un numéro avant de considérer qu'elle connaissait la personne correspondante, cela avoisinerait sans doute les vingt-quatre fois. C'était le temps qu'il lui fallait pour s'assurer que ce numéro « connu » correspondait bien à celui d'une personne avec laquelle elle pouvait parler.

Chiharu marchait aux amphétamines. Il lui arrivait souvent après en avoir pris de ne pas dormir pendant trois jours, beaucoup plus rarement pendant toute une semaine. Elle en achetait à des étrangers devant une certaine gare, en banlieue. Dans la première partie de la semaine, Chiharu sortait avec quatre ou cinq partenaires quelques heures par jour. Cela lui suffisait largement pour vivre puisque sa mère lui envoyait aussi de l'argent. Elle racolait autour de la gare de Shin-Ôkubo. Elle devait verser trente mille yens chaque mois aux yakuzas du quartier. On y retrouvait trop souvent le même genre de types qui fréquentaient Kabuki-chô mais c'étaient les Chinois qu'elle redoutait le plus. Ceux qui venaient à Shin-Ôkubo recherchaient des filles de moins de vingt ans et les négociations étaient rapidement conclues. Il y a six mois, Chiharu était encore inscrite au lycée. Quand elle avait abandonné ses études, l'administration lui avait demandé de rendre sa carte de lycéenne mais elle l'avait conservée. Avec cette carte qui permettait de prouver qu'elle avait quinze ans, elle n'avait pas besoin de coucher pour qu'on l'invite au restaurant ou au karaoké. Les clients payaient entre trente et cinquante mille yens pour une heure. Leur nombre avait curieusement augmenté depuis que le gouvernement municipal avait fait passer de nouveaux arrêtés. Un yakuza qu'elle connaissait lui avait dit : « Les hommes, plus on leur interdit quelque chose, plus ils en ont envie. » C'était sans doute ça, pensait-elle.

Chiharu n'avait pas l'intention d'arrêter de prendre des amphétamines. Sans drogue, la vie n'aurait eu aucune valeur. Les amphétamines lui procuraient un sentiment de bonheur et de satisfaction totale. Elle l'avait compris la première fois qu'elle en avait consommé. Elle en prenait pendant trois jours puis arrêtait pendant trois ou quatre jours. C'était le moyen qu'elle avait trouvé pour éviter d'augmenter les doses. Beaucoup de personnes avaient du mal à les supporter physiquement mais Chiharu trouvait que les amphétamines lui convenaient parfaitement. Lorsque l'effet du produit tendait à se dissiper, la plupart se sentaient mal et déprimés. Dans le pire des cas, certains même hallucinaient. Chiharu avait compris que le plus important était de bien se préparer. Une amphétamine n'était pas un produit miracle, c'était avant tout un médicament. Un médicament comme les vitamines, les antigrippaux ou l'aspirine. C'est lorsqu'on attendait trop du médicament qu'il y avait un risque de se sentir abattu pendant la période où l'effet du produit se dissipait. Il était inévitable que l'effet de l'excitant cesse et la descente était physiquement un peu éprouvante. Il était donc très important de bien comprendre qu'une amphétamine n'était avant tout qu'un médicament. En sachant correctement utiliser un somnifère, on réussissait à continuer à dormir même après que l'effet du produit s'était dissipé. Chiharu n'achetait pas pour plus de cent mille yens d'amphétamines par mois. Si elle s'en était procuré pour plus de deux cent mille, cela aurait été financièrement trop difficile et sa condition physique s'en serait sans doute ressentie. Beaucoup de gens étaient déçus par leur vie de famille, l'école ou la société, c'étaient des gens que la vie avait frustrés et qui se détruisaient aux amphétamines. Mais les amphétamines n'étaient pas le seul moyen de se détruire. Il en existait bien d'autres.

Chiharu, elle, continuait à téléphoner. Jusqu'à présent ce n'étaient que des « R » et des « A ». En six mois, elle avait appelé environ cinq cent quatre mille cent dix-neuf numéros. En perfectionnant un peu la méthode, elle pensait réussir à appeler tous les numéros des vingt-trois districts, même si elle ne s'était pas fixé pour objectif de les composer tous. Et puis, elle était aussi obligée de faire la conversation lorsqu'elle appelait une « personne connue ». Passer des coups de téléphone n'était pas pour elle un but en soi. Quand elle avait commencé à prendre des amphétamines, elle s'était demandé ce qu'elle allait bien pouvoir faire pendant les périodes où elle ne dormirait plus. Regarder la télévision ? Ça l'irritait. Elle n'avait jamais aimé regarder la télévision. C'étaient surtout les publicités qu'elle ne supportait pas. Elle avait vu une fois un animateur très célèbre dans une pub pour Toyota alors qu'on savait très bien qu'il ne circulait jamais qu'en Porsche. « Ces mecs-là, c'est vraiment des esclaves. Les types de la télé se foutent de la gueule des gens et la téloche ne sert qu'à les abrutir encore plus. » Lire ? Ça la fatiguait vite car les amphétamines provoquaient une dilatation anormale des pupilles. Une fois, elle s'était mise à cirer ses chaussures. Elle s'était sentie vraiment bien en cirant consciencieusement ses chaussures. Mais Chiharu ne possédait pas beaucoup de paires de chaussures. La mode ne l'intéressait pas. Avant de commencer à se droguer, elle dépensait l'argent que lui donnaient les hommes avec lesquels elle sortait en achetant des vêtement à la mode. « Les gens qui n'achètent que des articles de marques célèbres n'ont que ce moyen pour conserver un semblant de dignité. » Voilà ce qu'elle avait compris en commençant à se droguer. Mais ce n'est pas parce que Chiharu ne suivait pas la mode qu'elle s'habillait n'importe comment. Les clients n'aimaient pas les filles mal fringuées. Elle choisissait des vêtements ordinaires en consultant le magazine *JJ*. Des vêtements très ordinaires, très neutres. « Les junkies qui se fringuent de manière extravagante ne sont que des imbéciles. » Chiharu ne portait pas de boucles d'oreilles. Elle n'avait pas non plus les cheveux teints.

A part cirer ses chaussures, Chiharu avait essayé plusieurs autres choses mais téléphoner était devenu pour elle une sorte de rituel qu'elle pratiquait lorsqu'elle ne dormait pas. Elle ne téléphonait jamais de chez elle mais de cabines publiques. Sortir respirer un peu d'air frais était meilleur pour sa santé mentale. Cela lui faisait faire un peu d'exercice car elle était obligée de marcher longtemps. Elle quittait son appartement à l'aube, entre trois et quatre heures, et prenait un taxi qui la conduisait chaque matin dans un quartier différent. Là, elle faisait la tournée des cabines publiques en quarante-huit ou soixante-douze heures. Chiharu faisait très attention au choix de ses vêtements afin de ne pas attirer l'attention. Dans la journée, il n'y avait pas de problème. Mais une personne qui passait son temps à téléphoner de chaque appareil public en pleine nuit ou au petit matin n'était pas une chose très normale. Elle faisait par conséquent très attention de ne pas éveiller les soupçons des habitants du quartier par sa tenue. Elle portait souvent un survêtement très simple. Il était surtout très important d'être prudent pendant les mois où il faisait froid pour que son attitude paraisse naturelle. Chiharu aimait aussi le style uniforme-de-la-lycéenne-appliquée-de-retour-de-l'école-de-bachotage.

Chiharu écrivit dans son cahier : « R », « A », « R », « A », « R », « A », « R », « A ». Puis, après avoir passé vingt coups de téléphone, elle se dirigea vers une autre cabine. En marchant, elle eut envie d'esquisser quelques pas de danse. Le prochain numéro de téléphone était celui d'une personne connue.

— Haru-chan, tu es encore bien matinale !

— Oui, je travaille…

— Tu en as du courage. Il fait froid ce matin, n'est-ce pas ? C'est ce qu'ils disent en ce moment à la télévision.

— Moi, j'aime bien le froid. Mais la chaleur, alors là, non.

— Oui, c'est vrai. C'est ce que tu m'as dit la dernière fois que tu m'as appelée. Les jeunes, en général, ils aiment la chaleur de l'été. Mais je me demande si ce n'est pas une chose que je t'ai déjà dite la dernière fois ?

— Non, non. La dernière fois, c'est moi qui vous ai dit que j'aimais le froid.

— Bon, alors ça va. Récemment… Non, enfin, c'est pas très récent. Depuis quelques années, je répète souvent les mêmes choses. Et comme je vis seule, il n'y a personne pour me le faire remarquer, n'est-ce pas ? Récemment, non seulement je radote mais il m'arrive aussi de faire deux ou trois fois la même chose. Ce n'est pas une chose que je devrais te dire. Il y a quelques jours, j'ai eu une envie subite de manger de l'*amanatto*[1]. Mais tu es si jeune que je me demande si tu sais ce que c'est. Tu connais ? L'*amanatto* ?

— L'*amanatto* ? Mais oui.

— Ah bon ! Tu connais ! Eh bien, l'autre jour, j'ai eu brusquement envie d'en manger, je ne sais pas pourquoi mais j'ai eu brusquement envie de manger de l'*amanatto*. Je suis allée en acheter à la boulangerie du quartier. Tu sais que moi, je ne suis pas très à l'aise dans les supermarchés. « Ceci, s'il vous plaît », « Oui, tout de suite ». J'aime bien que quelqu'un me réponde. C'est bien plus agréable, n'est-ce pas ? C'est pour ça que je préfère les petites boulangeries ou les épiceries. Donc, j'achète de l'*amanatto*. Quand je rentre à la maison, je le pose sur la table du salon. Et ne voilà-t-il pas que j'oublie complètement que je viens d'en acheter ! Je vais dans la cuisine faire un peu de vaisselle puis, tout à coup, j'ai une envie subite de manger de l'*amanatto* et je me dis que je vais aller en acheter à la boulangerie. J'y vais. « Vous avez déjà fini celui que vous venez d'acheter, ma p'tite dame ? » me demande le commerçant. « Ah bon ! Je suis déjà

1. Soja fermenté puis sucré.

venue en acheter ? » Nous avons bien ri. Je me demande ce que je vais devenir si je continue à vieillir…

— Mais ça vous permet au moins d'oublier les choses déplaisantes ou tristes et ce n'est pas plus mal. C'est ce que je me suis dit il n'y a pas longtemps.

— Ah oui ? Tu comprends bien les choses. Et comment va ta mère ?

— Rien de nouveau.

— Mais il ne faut pas perdre espoir. Les grabataires… Non, je sais que ce n'est pas une manière de parler. D'ailleurs, ça me met toujours en rogne ce genre d'expressions. Surtout celles qu'on utilise maintenant pour parler des personnes âgées. On les emploie sans faire attention. Sans plus aucune considération. Bon. Ne perds pas courage.

Chiharu remercia et raccrocha. C'était une vieille dame, une ancienne actrice qui vivait à Suginami. La plupart des personnes que Chiharu connaissait étaient des vieilles dames. Elle connaissait aussi deux vieux messieurs, deux homosexuels. Il n'y avait guère que les personnes âgées pour être levées si tôt, ou les gens qui vivaient la nuit, des jeunes, des marginaux. Chiharu ne connaissait pas de jeunes marginaux car elle trouvait leur conversation toujours insignifiante.

Lorsqu'elle ne tombait pas sur un répondeur, elle s'excusait poliment en disant qu'elle avait composé par erreur un mauvais numéro et raccrochait. Cela lui suffisait pour deviner l'âge, le sexe et se faire une idée de son interlocuteur. Si elle croyait avoir affaire à une gentille petite vieille solitaire, elle rappelait aussitôt : « Euh, excusez-moi pour tout à l'heure » et s'excusait une seconde fois. La conservation commençait souvent ainsi avec les « personnes connues ». Les petites vieilles dont elle sentait qu'elles avaient envie de parler étaient souvent malades. Mais ces petites vieilles maladives qui vous sautaient dessus dès que s'offrait à elles une occasion de parler ne devenaient jamais de vraies « personnes connues ». Les petites vieilles susceptibles de devenir de vraies « personnes connues » étaient toujours celles qui restaient suspicieuses même lorsque Chiharu rappelait une seconde fois pour s'excuser. Celles qui restaient vigilantes. Cela s'était passé ainsi avec la première vieille dame que Chiharu avait connue.

— Pourquoi me rappelez-vous ? avait-elle demandé.

— C'est parce que vous avez une voix qui ressemble à celle de maman.

Ce qu'elle venait de dire n'était pas un mensonge. La voix de la vieille dame ressemblait en effet à celle de sa mère, autrefois.

— Maman est malade, elle ne peut plus ni bouger ni parler. Alors, j'ai été très troublée en entendant votre voix.

Chiharu mentait en disant que sa mère était grabataire et végétait sur un lit d'hôpital. Sa mère s'était remariée l'an passé et vivait désormais à Singapour. Avec un type que Chiharu détestait. Elle pensait qu'elle aurait préféré mourir plutôt que d'être obligée de vivre avec un type pareil. Chiharu était fille unique. Sa mère était beaucoup plus jeune que son premier mari. Son père travaillait dans une société d'édition très ordinaire et il avait un caractère très doux. Mais il était mort d'une maladie du foie lorsqu'elle avait huit ans. Avec l'argent de l'assurance-vie et les indemnités de retraite de son mari, sa mère avait acheté un studio confortable qui donnait sur la ligne de chemin de fer Chuo. Sa mère n'avait aucune qualification. Elle exerçait trois petits boulots dans la journée et c'est ainsi que Chiharu avait pu entrer dans un lycée privé de jeunes filles très renommé. Pourquoi travaillait-elle autant sans presque jamais dormir ? Etait-ce pour m'envoyer dans cette école de jeunes filles ? Etait-elle heureuse ? se demandait Chiharu. « Tu es heureuse, maman ? » avait-elle toujours eu envie de lui demander sans jamais oser. Elle redoutait de l'entendre répondre non. Chiharu avait envie que sa mère soit heureuse, mais elle ne lui avait jamais demandé si elle l'était, redoutant que sa mère lui réponde qu'elle ne l'était pas car ç'aurait été probablement de sa faute à elle, Chiharu. Sa mère avait trente-cinq ans lorsque Chiharu était entrée en classe terminale. Elle était encore belle. Elle avait rencontré cet homme. On comprenait vite qu'il travaillait dans les services sociaux et Chiharu avait tout de suite détesté ses poses et cette trop grande confiance qu'il avait en lui. Elle lui faisait régulièrement des remarques désagréables qui le mettaient en colère. Sa mère s'était rapidement fatiguée à faire le tampon entre eux et elle avait fini par choisir cet homme. Chiharu se disait parfois qu'elle avait sans doute dit toutes ces horreurs à cet homme pour que sa mère le choisisse. « Je me débrouillerai très bien toute seule. » C'était la dernière chose qu'elle avait dite à sa mère en pleurs avant que celle-ci ne monte dans l'avion. « Maman, tu es heureuse, maintenant ? » avait-elle aussi eu envie de lui demander, mais elle n'avait pas pu. Chiharu avait fini par se convaincre qu'il valait mieux attendre d'être un peu plus adulte pour trouver l'occasion de le lui demander. Sa mère ne savait pas qu'elle avait cessé d'aller à l'école. Mais Chiharu pensait que ce n'était pas son problème. Le problème, ce n'était pas elle mais de savoir si sa mère était heureuse ou non.

— Tiens, Chiharu ! Toujours aussi matinale ! Comment vas-tu ?

Il y a vraiment beaucoup de petites vieilles qui vivent seules. Et les petites vieilles ne sont jamais importunées par des coups de téléphone anonymes. Chiharu se demande parfois si elle ne joue pas à la petite fille modèle lorsqu'elle téléphone aux petites vieilles qu'elle connaît. La jeune fille sage de quinze ans dont la mère qui travaillait trop avait eu un vaisseau qui avait pété dans le cerveau et qui était maintenant grabataire. La jeune fille modèle obligée de travailler du matin jusque tard dans la nuit pour trouver l'argent pour payer les frais d'hôpital. Chiharu se demandait de temps en temps si elle n'était pas qu'une hypocrite. Elle ne prenait pas un plaisir particulier à discuter avec ces vieilles dames et d'ailleurs, si elle n'avait pas commencé à prendre des amphétamines, elle ne l'aurait jamais fait.

— Je suis en train de te tricoter un pull. Tu voudras bien le mettre quand je l'aurai terminé ? Je suis désolée de ne t'avoir demandé ni ton avis ni tes préférences. C'est vrai qu'en y réfléchissant, les jeunes d'aujourd'hui ne portent plus de pulls tricotés à la main.

— Mais pas du tout. L'an passé, c'était même très à la mode.

— Ah bon ! Alors tu le mettras quand je l'aurai fini ?

— Je suis vraiment très occupée, je ne pense pas avoir le temps de passer le chercher. Ce n'est pas grave ?

— Mais pas du tout. Je sais très bien que tu es très occupée. Je te l'enverrai. Maintenant, dans Tôkyô, avec les services de livraison à domicile, tu l'auras en un ou deux jours. Où est-ce que tu habites ?

— Musahi-Sakai. Seki-chô 2 chome.

— A Seki-chô ? Incroyable ! Vraiment ? A Seki-chô. Moi aussi, autrefois, j'ai habité à Seki-chô !

La vieille dame se souvenait du passé. Et quand bien même ce passé-là avait pu être douloureux, c'étaient toujours des souvenirs heureux qui remontaient à sa mémoire. Chiharu l'écouta lui raconter ses souvenirs.

— Dis-moi, est-ce que l'arrêt « Seki-chô 2 chome » de la compagnie des bus Kanto existe encore ?

— Oui, il y en a un.

— Je ne sais pas si tu vois le sanctuaire shintoïste dans la petite rue qui part en face de cet arrêt. Il n'y a qu'un arbre. Un sanctuaire dans lequel se trouve un grand ginkgo. Tu vois ?

— Euh, non, je ne vois pas.

— C'est qu'il doit être mort à présent. Autrefois, à l'automne, je venais ramasser les fruits du ginkgo. Tu connais les fruits du ginkgo ?

— Les *ginna* ?

— Oui, c'est ça. Ça a une odeur terrible. Une odeur tenace qui te reste sur les mains. J'étais à l'école de jeunes filles. Je devais avoir environ dix-huit ans. Il y avait un étudiant de l'université de Waseda qui venait lire dans ce sanctuaire. Je voyais bien en le regardant qu'il avait l'air de lire des livres très difficiles. Et comme je détestais avoir cette odeur qui me collait sur les mains, j'ai commencé à ne plus aimer ramasser les fruits du ginkgo. C'est pourtant ainsi qu'il a pu se souvenir de mon visage. Bref, on se connaissait. Autrefois, on ne se parlait quasiment pas. Si ça avait été de nos jours, on aurait bien rigolé.

— Qu'est-ce que vous faisiez ?

— Comment ? Qu'est-ce que… ?

— Ben oui. Vous ne ramassiez plus de *ginna*, vous ne parliez pas. Alors, je me demande ce que vous faisiez ?

— On se regardait, à l'ombre du ginkgo.

— Vous vous regardiez seulement ?

— Oui. Mais attention, c'était très beau. Les feuilles du ginkgo étaient si jaunes que cela faisait presque mal aux yeux. Avec les rayons du soleil d'automne. Il y avait un tapis de feuilles mortes sur le sol. Et puis, avec le vent dans l'arbre, l'ombre des feuilles paraissait énorme. On aurait dit que le sol tremblait.

Chiharu trouvait adorable cette vieille dame qui ne se rappelait que les bons souvenirs. Elle avait vérifié hier le nombre de personnes connues : vingt-quatre.

Elle devrait appeler cinq cent soixante-deux numéros avant de trouver une autre personne connue. Au cent-douzième coup de fil, elle ne tomba pas sur un répondeur. « T'es qui toi ? espèce d'enculé ! » dit un garçon. Chiharu avait juste eu le temps de dire : « Allô, allô ! » qu'elle s'entendait demander : « T'es qui toi ? espèce d'enculé ! » C'était bien la première fois que cela se produisait. Elle écouta un moment la voix de l'homme en colère.

— Je vous ai pourtant dit que si vous me cherchiez vous me trouveriez ! Venez donc ! J'suis là. Essayez donc d'vous pointer ! Bande d'enculés ! Pourquoi vous la fermez ? Hein ? J'ai parfaitement compris ce que vous vouliez faire. Vous avez parlé à la radio tout à l'heure. Le type de la radio, c'était pas dur à comprendre que c'était un de vos potes. Quoi ? Ouais, les chansons à la demande… Y avait un sens, hein ? Paul Desmond, Stan Getz, West Montgomery, hein ? C'était un message pour moi ? J'ai tout compris. Un message. Paul Desmond : saxo alto, Stan Getz : ténor, West : guitare. La preuve que c'était un message ! J'ai compris pourquoi vous me colliez au cul.

Il continua à déblatérer mais la communication fut coupée. Sugino regarda l'appareil et se remit à hurler. « Bande de cons, vous ne savez même pas que j'ai acheté un flingue à Bangkok ! » cria-t-il.

XIX

YÛKO 2

Sugino pensa qu'il aurait vraiment mieux fait d'acheter un flingue à Bangkok. Il se souvenait très bien de ce voyage. « J'ai pas encore la mémoire complètement bousillée. Ce mec, il arrivera pas à m'avoir tout de suite même si on dirait qu'il prend plaisir à me détruire lentement. S'il me bousillait tout de suite, hein ! Fini les réjouissances ! Et ça lui serait pas facile de trouver un autre type », marmonna-t-il. Il reprit sa paire de jumelles et poursuivit son observation de la rue qui passait derrière son appartement.

Sugino habite dans un immeuble pouilleux situé à l'arrière d'une rue commerçante minable, à la pointe d'un triangle reliant Yokohama, Kawasaki et Tôkyô. Il y a une voie de chemin de fer où circulent des trains rouges comme des haricots. La voie passe juste devant l'immeuble et on pourrait presque la toucher en tendant le bras. A chaque passage d'un train, la pièce se mettait à trembler. Il y a six mois, Sugino avait démissionné de l'entreprise d'instruments de musique pour laquelle il travaillait depuis six ans. Pour raisons personnelles. Il s'était rendu compte qu'il ne lui restait plus qu'à démissionner quand il avait été muté du service de développement technique au service commercial. Il savait qu'il n'était pas fait pour travailler dans la vente. Finalement, plus d'une centaine d'employés avaient quitté la boîte. Le syndicat qui luttait pour obtenir de meilleures conditions de travail avait considéré Sugino comme un traître avec sa démission pour raisons personnelles. Il avait tout de même touché une indemnité qui lui permettrait de tenir un ou deux ans s'il déménageait dans un appartement moins cher. Et c'est ainsi qu'il avait perdu un ami qu'il n'avait pas quitté depuis l'université. Cet ami était le délégué du syndicat. Sugino souffrait bien plus d'avoir perdu cet ami que son emploi. Il l'avait connu dans une université privée de génie électrique tout à fait ordinaire. Ils faisaient partie du même club de jazz et tous deux avaient ensuite été recrutés par cette entreprise qui venait de mettre au point un système d'enceintes qui faisait un tabac sur le marché. A cette époque-là, Sugino croyait s'être fait un ami pour la vie.

Ils avaient des caractères très différents et Sugino avait longtemps cru que c'était la raison pour laquelle ils s'entendaient bien. Son ami était issu d'une riche famille de Tôkyô. Il avait une personnalité très forte et, en jazz, il aimait surtout les imitations de bossa-nova et les musiciens blancs de la côte ouest. Sugino était le fils d'un professeur de japonais de Toshigi. Il était d'un naturel effacé, une personnalité discrète, une discrétion qu'il entretenait depuis l'école primaire. Le jazz était sa seule passion. John Coltrane, Miles Davis, tous les albums du label Blue Note. Il aimait particulièrement les musiciens à la mode. Cet ami venait souvent dormir chez Sugino qui occupait alors une petite chambre de quatre tatamis et demi près du temple Koenji. Ils passaient de nombreuses heures dans les clubs de jazz et Sugino avait compris pour la première fois le plaisir qu'il y avait à bavarder de tout et de rien en buvant le whisky que cet ami volait chez ses parents. Lorsque Sugino affirmait que ce devait être super d'avoir une maison dans Tôkyô, son ami lui disait d'arrêter de dire des conneries parce qu'il n'en était pas plus libre pour autant. « J'aime pas les petits boulots, alors je crois bien que je vais être obligé de rester chez mes parents jusqu'à ce que je commence à travailler. C'est vraiment toi le plus chanceux. » Si l'université dans laquelle ils s'étaient rencontrés correspondait au second choix de Sugino, y entrer avait représenté pour son ami une véritable humiliation. « J'ai plus la force de passer les concours pour entrer dans une autre université, alors c'est foutu », ne cessait-il de répéter. En le rencontrant, Sugino avait commencé à penser qu'il ne devait sans doute pas exister sur terre d'être parfaitement heureux. Et c'était un truc que ses copains restés à la campagne ne comprendraient jamais, pensait-il avec un certain sentiment de supériorité.

Cet ami avait toujours eu envie d'aller à Bangkok. Il y avait, disait-il, un vieux pianiste noir

– une légende – qui avait fui Harlem quatre ans plus tôt et qui jouait désormais au bar de l'*Oriental Hotel*. Après sa démission, Sugino s'était autorisé un petit voyage et il avait choisi Bangkok parce que son ami n'y était encore jamais allé. Il avait déménagé avant de partir en voyage et depuis son déménagement, il avait commencé à se sentir nerveux et à souffrir d'un sentiment d'abandon. Quand la pièce se mettait à trembler au passage d'un train, il se souvenait des derniers mots que son ami lui avait dits :

— T'es franchement pas à la hauteur.

Sugino n'avait encore jamais voyagé à l'étranger et il espérait que ce voyage lui ferait du bien. Ses parents lui avaient aussi dit la même chose. Après sa démission, sa voix s'était faite plus faible au téléphone et ses parents avaient commencé à s'inquiéter. Sugino n'avait pas pris la peine de vérifier qu'il n'avait en fait jamais été prévu de loger à l'*Oriental Hotel* dans ce circuit en groupe de cinq jours et quatre nuits, cent dix-huit mille yens. Aussi, à peine arrivés à Bangkok, avaient-ils transité comme prévu vers Pattaya Beach. Sugino s'étonna lui-même de la violence avec laquelle il protesta auprès de l'accompagnateur et il n'en fallut pas plus pour qu'il se trouve mis en quarantaine par le reste du groupe. Aucun des participants n'accepta de partager une chambre avec lui. Il se retrouva finalement dans la même chambre que l'accompagnateur, qu'il ignora complètement. A Pattaya, il n'alla ni à la plage ni au restaurant et passa tout son temps dans la chambre. Il se répétait les dernières paroles de son ami qui se confondaient avec le bruit des vagues.

Quand ils retournèrent à Bangkok, Sugino se rendit seul à l'*Oriental Hotel.* Il s'installa au bar mais la personne au piano était une jeune femme à la peau blanche. Comme il ne parlait pas anglais, il ne put rien faire d'autre qu'écouter en silence cette musique qui lui donnait envie de vomir. Il se sentait vraiment mal à l'aise dans ce bar prétentieux. Il lui semblait entendre les paroles de son ami se mêler aux conversations animées qui lui parvenaient dans une langue étrangère avec laquelle il n'était pas familiarisé. Son ami lui avait dit en riant et en le montrant du doigt qu'il était le mec le plus nul de la terre. Sugino avait senti la colère l'envahir. Il avait soudain eu très chaud, pourtant une sueur froide avait commencé à ruisseler dans son dos et à s'accumuler sous ses aisselles. Sugino fut pris d'un sentiment de terreur. Il n'y avait aucun doute : son ami était là, dans la salle. Un sentiment de déjà-vu l'envahit. Il avait l'impression d'être déjà venu ici, de connaître cette atmosphère. Il fut submergé par cette certitude. Il entendait les voix s'échappant des conversations tout autour se mêler et se durcir pour n'en former plus qu'une, uniforme et chargée d'hostilité. Des souvenirs d'enfance qu'il croyait avoir oubliés resurgirent brusquement, se mélangeant à cette voix en colère. Sa vue se troubla, une rumeur indistincte grondait à ses oreilles. Sa mère qui passait l'aspirateur en le portant sur son dos quand il n'était qu'un nourrisson. Son père qui hurlait d'une voix stridente. Sa mère qui se réfugiait dans une pièce pour échapper à son père. Sugino attaché au dos de sa mère dont le regard tournait comme sur un manège et son père qui revenait à la charge, fou furieux. Sugino nourrisson ne comprend pas ce que son père dit. C'est une voix qui ressemble au son produit par une radio brouillée poussée à plein volume, une voix chargée de colère qui se confond avec le vacarme. Assailli par ces souvenirs, Sugino se trouva tout à coup incapable de dire où il était. C'est dans ce bar qu'il perdit soudain contact avec la réalité.

De retour au Japon, il appela son ami plusieurs fois. « Pourquoi es-tu allé à Bangkok ? Si t'avais aussi l'intention d'y aller, tu aurais pu me le dire, non ? Je me suis excusé d'avoir quitté la boîte tout seul, alors je voudrais bien que t'arrêtes de me poursuivre partout. J'ai compris. J'ai tout compris. T'as raison, je n'ai aucun moyen de résister. T'as engagé quelqu'un ? Tu peux pas dire à ce type que j'ai repéré en bas de chez moi de disparaître ? C'est toujours un type différent qui me surveille. Je n'ai plus de raison de t'en vouloir. D'ailleurs, j'en ai jamais eu et tu n'as aucune raison de me faire surveiller. Je sais que tout est de ma faute. Mais ça fait déjà deux mois que j'ai quitté la boîte, alors je crois qu'on pourrait, tous les deux, faire un effort pour oublier. Et puis je voudrais que t'arrêtes de dire des trucs sur mon compte à mes parents. Ils savent pas grand-chose sur moi. Alors arrête d'essayer de les mettre dans ta poche pour me faire rentrer chez eux, à la campagne. C'est pas juste. Fous-moi la paix et cesse de tourner autour de moi. » Son ami lui répondit d'une voix triste qu'il ferait mieux de se faire soigner. Sugino lui téléphona environ cinq cents fois et les dernières fois où il l'appela, cet ami lui répéta plus durement d'aller se faire soigner. Ensuite, il ne lui répondit plus, qu'il appelle chez lui ou sur son lieu de travail.

Sugino apprit bientôt par un tiers que son ami avait fini par quitter l'entreprise d'instruments de musique et travaillait maintenant dans une station de radio FM qui venait d'être lancée. Sugino régla son poste de radio sur la fréquence de cette station FM et passa la quasi-totalité de ses journées à écouter les programmes. Il était convaincu que toutes les émissions contenaient des messages que lui destinait son ami et que le nombre des amis de son ami avait dû augmenter avec ce nouveau travail. Tout ce que racontaient les disc-jockeys, les présentateurs ou les personnalités invitées était des insultes codées à son intention. Leurs rires étaient des rires moqueurs. Dès qu'ils se mettaient à parler, par exemple quand ils donnaient les résultats d'une enquête effectuée par fax sur l'amour, il lui suffisait de remplacer le mot « amour » par « Sugino » pour comprendre qu'il s'agissait bien d'un complot dirigé contre lui.

« Nous ne pourrions pas exister sans Sugino. Il est vraiment ce qui nous fait vivre, notre plus grand plaisir. Il est certain qu'il y a quelque chose de peu naturel à ne penser qu'à Sugino tout le temps. Les gens qui ne pensent qu'à Sugino sont sans doute des gens qui ne connaissent pas Sugino. Mais essayez d'imaginer un monde sans Sugino ! Ce serait un monde sans joie, un monde tout gris, un monde sans piment. Nombreux sont ceux qui ont perdu Sugino et il est exact que les blessures que nous inflige Sugino sont parmi les plus cruelles. Dans une enquête parue dans un magazine féminin, il est même écrit que Sugino est la première cause d'anxiété chez les jeunes filles. Nombreux sont ceux qui se replient sur eux-mêmes de peur de rencontrer Sugino. Pourtant redouter Sugino, c'est se condamner à ne jamais le rencontrer. Il faut sortir. C'est en sortant que les chances de rencontrer Sugino augmentent. Il ne faut pas avoir peur. C'est en sympathisant gentiment avec les autres que l'on aura bientôt l'occasion de cueillir Sugino. Voilà ce qu'il faut faire. »

Sugino enregistre la quasi-totalité des émissions sur des cassettes qu'il peut ainsi réécouter plusieurs fois avant de les retranscrire sur son ordinateur. Il lui suffit de remplacer un nom par celui d'un ami qu'ils avaient en commun du temps de l'université ou de remplacer tous les noms propres par celui de l'école primaire de province qu'il fréquentait pour que les émissions se mettent à parler directement de lui.

Pourquoi son ami le poursuivait-il ainsi ? Sugino finit par trouver la réponse à cette question et s'en sentit profondément soulagé. Il adressa une lettre à la direction de la station de radio FM.

Voici venue la saison des jours où les arbres agitent leurs feuilles roussies par l'automne. J'espère que vous prenez tous grand soin de votre santé. Si je prends la peine de vous écrire cette lettre, moi, Osamu Sugino, c'est pour vous faire part des doutes que je nourris sur le travail d'un ami employé par votre société. Je ne donnerai pas ici son nom car vous savez tous de qui il s'agit. Cet ami passe son temps à faire de moi, Osamu Sugino, la risée populaire par ses attaques personnelles et ses insultes. Je sais déjà, grâce aux fruits de mon enquête personnelle, qu'il a le projet de créer une émission intitulée « Lady Song » dans le cadre des responsabilités que vous lui avez confiées. J'ai déjà beaucoup trop souffert de ce complot, en plus des nombreuses sanctions infligées par la société aux personnes sans emploi et des rires moqueurs. Je suis surveillé vingt-quatre heures sur vingt-quatre et réduit à ne même plus pouvoir sortir librement de chez moi. Mes parents et les autres personnes de ma connaissance se sont rangés de votre côté et je sais que vous travaillez au projet de m'envoyer dans un hôpital psychiatrique. J'ai perdu tous mes amis. Je n'ai presque plus d'économies et suis sans perspective de retrouver un emploi rapidement. Je n'ai plus d'alternative. J'espère que vous aurez la bienveillance de prendre en considération ma demande et de faire cesser ces attaques personnelles et ces insultes. Si dans les prochaines quarante-huit heures, je devais, à mon grand regret, constater que la situation ne s'est pas améliorée, je me verrais dans l'obligation d'user des moyens légaux que vous connaissez. Je pose le pinceau en priant pour la poursuite de votre succès.

Sugino écrivit plusieurs fois car il ne reçut pas de réponse à ses lettres. Lorsqu'elles finirent par lui revenir sans même avoir été ouvertes, il en adressa une nouvelle, recopiée une centaine de fois, à tous les journaux, hebdomadaires, radios, télévisions, éditeurs, écrivains, journalistes qu'il connaissait. Il ne reçut aucune réponse. Et le contenu des programmes de la radio FM ne fut pas modifié. Sugino comprit qu'il fallait qu'il prenne un avocat et décida de retrouver un travail pour pouvoir payer les honoraires. Son curriculum vitae et son expérience professionnelle ne posaient aucun problème et il passa avec succès toutes les formalités écrites qu'on lui demandait, mais il échouait à tous les entretiens. A chaque fois, il s'apercevait qu'il avait été grillé par son ami. Toutes les personnes en charge des entretiens étaient au courant de l'histoire des programmes de la radio FM et c'était bien la preuve que son ami était dans le coup. Il leur parle de moi, pensait Sugino. Que ce soit les *pachinko*[1], les sociétés de livraisons à domicile ou les chantiers autoroutiers, partout, il sentait le regard de son ami et comprenait le danger que pouvaient représenter ces emplois où il aurait été trop facilement vulnérable.

---

1. Jeu qui s'apparente au flipper, dont le but consiste à projeter de petites billes d'acier le long d'un panneau vertical garni de clous et à les faire entrer dans des trous pour gagner de nouvelles billes.

Il prit rendez-vous avec un avocat qu'on disait prêt à aider les plus démunis, mais son ami lui avait déjà parlé et fait subir un lavage de cerveau. L'avocat lui conseilla de se faire hospitaliser. Sugino protesta. L'avocat menaça d'appeler la police.

Sugino ne se nourrissait plus et ne dormait presque jamais, trop occupé à observer la rue avec sa paire de jumelles. Il perdit environ vingt kilos. Son ami avait fait subir un lavage de cerveau à toutes les personnes qui travaillaient dans les restaurants ou les magasins d'alimentation. On ne lui vendait que des produits pourris ou empoisonnés. La preuve en était que les commerçants se mettaient en colère dès que Sugino leur mettait le produit sous le nez en leur demandant si ce pain était bien empoisonné. « Les gens réagissent toujours ainsi envers celui qui leur dit la vérité : ils se mettent en colère. » Puis vint le jour où il n'eut même plus confiance dans les barres de Calory Mate ou les boissons vitaminées Oronamine C qu'il achetait dans les distributeurs automatiques. Il avait découvert qu'un des employés chargés de réapprovisionner les machines était de mèche avec son ami. Cet homme était aux ordres de son ami, son attitude était caractéristique. C'était évident quand on l'observait à la jumelle. Il faisait des gestes sans rapport avec son travail : il regardait le ciel, adressait la parole aux enfants qui passaient dans la rue, racontait des blagues stupides qui faisaient rire son collègue, donnait de petits coups de pied dans un caillou. Un homme normal n'aurait jamais fait ce genre de choses.

Il volait parfois dans les magasins lorsque la faim le tenaillait trop. Il volait dans des endroits que son ami ne pouvait pas soupçonner, des endroits où son ami ne pouvait avoir le temps de déposer des aliments empoisonnés ou pourris. Il volait surtout des pâtisseries ou des légumes qu'on venait livrer au petit matin et qu'on laissait devant les cafés. Puis il cessa de voler dès qu'il eut fait des provisions suffisantes parce qu'il était convaincu que son ami avait aussi noué des contacts dans la police et qu'ils finiraient sans doute par l'arrêter s'il continuait à voler.

Ses parents et son frère vinrent le voir plusieurs fois et cherchèrent à le faire hospitaliser dans une institution psychiatrique. Ils réussirent même à le traîner une fois chez un psychiatre. Sugino s'enfuyait dès qu'il les repérait à la jumelle. Il était convaincu qu'ils projetaient de s'emparer de lui par surprise. La situation durait déjà depuis trois mois, mais Sugino avait prévu un moyen de leur échapper. Il avait préparé un sac à dos avec des provisions, de quoi tenir quelques jours. Après ses fuites, il ne retournait plus dans son appartement pendant plusieurs jours. Il logeait dans des hôtels-capsules[1] bon marché ou attendait que le jour se lève dans les cafés qui restaient ouverts toute la nuit. Il prit alors conscience d'une chose étrange : fugitif, il se sentait en sécurité. Il ne repérait jamais de types (des

1. Hôtels dont les chambres sont composées d'alvéoles rangées sur plusieurs niveaux, profondes de 2 mètres, hautes de 80 centimètres et d'une largeur d'environ 1 mètre, dans lesquelles on se glisse pour dormir sur le principe de la ruche.

types à qui son ami avait fait subir un lavage de cerveau) en train de le surveiller dans les hôtels-capsules de zones que tout le monde évitait, dans les bars ouverts la nuit, sur les bancs des jardins publics ou dans la rue. Il dormait bien et parvenait même à avaler la nourriture qu'il avait emportée. Finalement, cette vie de fugitif lui permettait de reprendre des forces. En y réfléchissant, il se rendit compte que tous ces lieux où il trouvait refuge étaient en fait destinés aux fugitifs ou aux rescapés. Et son ami devait avoir compris qu'il était stupide de placer des espions là où se retrouvaient les fugitifs. Il l'avait pris pour cible de ses attaques et de ses insultes. Il avait dû dépenser des sommes folles pour essayer de faire en sorte qu'il passe sa vie dans ces lieux où se rassemblaient les fugitifs ou les rescapés. C'était la raison pour laquelle il ne tenterait rien tant que lui-même s'y trouvait. Mais Sugino n'avait pas l'intention de passer là le restant de ses jours. Demeurer dans ces repaires de rescapés eût été avouer sa défaite. C'était aussi se retrouver prisonnier d'un certain sentiment de confort.

Sugino reprit sa paire de jumelles et observa la rue qui baignait encore dans l'obscurité du petit matin. Qui avait bien pu téléphoner tout à l'heure ? Il ne faut pas que je relâche ma surveillance. J'aurais vraiment dû acheter ce flingue à Bangkok. Avec un flingue, j'aurais pu passer à l'attaque. J'en suis réduit à me planquer. Si je ne parviens pas à passer à l'attaque, ça va durer comme ça une éternité. A quelques exceptions près, on peut dire que la surveillance de mon ami s'exerce sur toute la société. Ça, c'est la réalité. Pour moi, ça, c'est la vérité. C'est la vie. La règle est vraiment trop simple. Et ça, je l'ai parfaitement accepté. C'est le seul moyen de survivre. C'est la preuve que j'existe. L'ennemi contrôle toute la société à part quelques refuges pourris et crasseux. Ses complices, ce sont les programmes de télévision, toutes les chaînes de télévision et de radio, toutes les publicités, les médias, les maisons d'édition, les journaux, les magazines et les livres, les appareils électroniques, les appareils de musique, toutes les associations et tous les groupements, les avocats, les tribunaux, les distributeurs, les boutiques de vêtements, les boulangeries, les bijouteries, les magasins de chaussures, les animaleries, les boutiques de lingerie, les loueurs de cassettes vidéo, les pâtisseries, les horlogers, les photographes, les fleuristes, les opticiens, la chaîne Tokyu Hands, les supermarchés, les grands magasins, les agences de voyages, les succursales, les constructeurs automobiles, les stations de ski, les piscines, les terrains de golf, les courts de tennis, les salles de gym, les taxis, les bus et les compagnies de chemins de fer, les compagnies maritimes, les compagnies aériennes, les sociétés d'autoroutes, les villes balnéaires, les promoteurs immobiliers, les immeubles de standing, les maisons secondaires, les concierges, les importateurs et les exportateurs, les débits de boissons et les restaurants, les cafés chics, les bars, les snacks, les hôtels, les *ryokan*, toutes les entreprises et toutes les industries, les banques, les maisons de titres, les pompiers et la police et la poste et les jardins d'enfants, les écoles de cours de rattrapage, les établissements scolaires, tous les ministères et les services municipaux, toutes les religions de la terre, les arts et les artistes et puis la famille, les partis politiques, le gouvernement et l'Etat. Je vais avoir à me battre contre tous. Je n'ai plus d'amis. Ça me rappelle un film que j'ai vu, il y a longtemps, sur la guérilla afghane. Eh bien, chez les Afghans, la vengeance, c'est le bien. C'est même un devoir. Jamais ils n'ont abandonné la lutte. Ils ont tué tous leurs ennemis. Pas de pitié. Je les tuerai tous. Je vivrai comme eux, sous terre, dans des refuges. J'vais me battre. Un jour, je vais passer à l'attaque et j'vais lui faire sauter sa baraque à la roquette, la sienne et celles de tous ses sbires.

— Tu regardes les oiseaux ?

Une jeune femme qui passait dans la rue venait de lui adresser la parole. Sugino comprit tout de suite que c'était une rescapée. Les rescapés, ils n'étaient pas à la botte de son ami.

— Je guette les types qui vont m'attaquer. Tu ferais mieux de faire attention toi aussi, répondit Sugino.

— D'accord, je vais faire attention, dit Yûko tout en continuant à marcher.

XX

LES AUTRES

Yûko se demanda qui était cet homme et se retourna à plusieurs reprises pour regarder en direction de l'appartement. A cette heure, peu avant le lever du jour, la totalité des fenêtres des immeubles étaient habituellement fermées. Les nuits d'hiver, très peu de gens laissaient leurs fenêtres ouvertes. Dans ces appartements, il y avait toutes sortes de câbles ou de lignes sous tension dans lesquels circulait une quantité formidable d'informations transformées en signaux électriques. Yûko était capable de les voir ou de les entendre sans le secours d'un moniteur vidéo ou d'une enceinte acoustique. Plus elle s'éloignait des câbles, plus les signaux lui parvenaient faiblement. Au-delà de dix mètres, elle ne pouvait plus voir distinctement les images ni entendre les sons mais elle sentait encore leur présence. C'était la même chose avec les câbles enfouis sous terre ou dissimulés dans les murs : le moindre obstacle troublait la réception des signaux. Si les cloisons coulissantes en papier ne représentaient pas des barrières suffisantes pour bloquer les signaux, le bois perturbait la qualité de la réception et le béton ou le métal l'interrompaient complètement.

Lorsque Yûko marchait dans les rues, elle percevait vaguement par les fenêtres ouvertes des immeubles les signaux électriques accumulés dans les pièces. Elle ne les percevait pas en tant qu'images ou sons mais ressentait leur présence. La plupart du temps, ces signaux étaient mélangés les uns aux autres. Ils étaient de qualité médiocre. Mais à proximité d'un câble reliant un magnétoscope à un téléviseur, elle était capable de voir les images et d'entendre distinctement les sons codés par les signaux, peu importait s'il s'agissait d'un système digital ou analogique. Quelquefois, les images étaient troublées et les sons peu clairs, mais il lui suffisait de se rapprocher du câble pour les percevoir distinctement. La qualité de réception des informations diminuait à mesure qu'elle s'éloignait de la source ou que le nombre d'obstacles augmentait. A plus de dix mètres, elle ne les recevait plus mais sentait encore vaguement leur présence. Les signaux de faible intensité produisaient chez Yûko des figures abstraites et des sons semblables à ceux que peut entendre une personne victime d'une hallucination auditive. Si les images sources étaient belles, les figures abstraites ou les sons qu'elle reconstituait restaient agréables, même si les signaux étaient faibles.

La plupart des images abstraites ou des sons produits par les signaux de faible intensité s'échappant des maisons ou des appartements étaient franchement dégueulasses. Et Yûko se demandait souvent si cela tenait à la qualité des programmes de radio ou des émissions de télévision. Les sons et les images provenant de l'appartement de l'homme qui regardait dehors avec une paire de jumelles n'étaient pas si dégueulasses que ça, remarqua Yûko. Elle avait d'abord pensé qu'il observait les oiseaux mais ce n'était pas ça. Les signaux électriques provenant des appartements des personnes qui passent leur temps à observer les oiseaux, on dirait vraiment des merdes d'oiseaux. Les sons enregistrés de la nature sont vraiment à gerber. Le ressac des vagues sur la plage, un chant d'oiseau, le murmure des insectes ou le bruit du vent produisaient toujours un brouhaha détestable, et peu importait la qualité de l'enregistrement. Ces signaux se mélangeaient à ceux de la circulation sanguine ou de la respiration humaine et le tout formait un vacarme difficilement supportable.

Quand Yûko se promenait au petit matin, au moment où le jour allait se lever, elle n'avait jamais de vertiges. La journée, en revanche, si elle sortait par exemple faire des courses, elle était souvent envahie d'un désir sexuel si puissant qu'elle était prise de vertiges. Yûko avait ainsi plusieurs fois perdu connaissance. Un jour dans le train, elle avait été subitement prise d'un désir sexuel irrépressible. A l'instant où elle avait essayé de saisir une des poignées suspendues, elle avait ressenti des picotements sur son corps comme si un millier de fourmis ou de petits insectes avaient cheminé sur sa peau, entre ses cuisses. Yûko s'était demandé si elle n'allait pas commencer à se masturber bien qu'elle se fût trouvée dans un train. Une fois, elle s'était masturbée dans le wagon. Un passager avait prévenu le contrôleur qui s'était pointé aussitôt. Il l'avait ensuite traînée dans une petite pièce crasseuse où flottait une forte odeur de pétrole et d'huile de soja. C'était une pièce réservée aux employés de la gare. Le contrôleur l'avait insultée en hurlant. Yûko était habituée depuis sa plus tendre enfance à ce genre de traitements, mais la gare était truffée de toutes sortes de câbles électriques et elle avait dû subir un assaut d'images cauchemardesques. Des personnes que l'on mutilait ou que l'on assassinait. Ce n'étaient pas des images de films d'horreur. Yûko aimait beaucoup les films d'horreur et la mort d'un être humain n'avait d'ailleurs rien de cauchemardesque. C'était une simple réalité. C'était même médical. Non, ce qui était cauchemardesque, c'étaient les scènes qui montraient des êtres humains répétant mille fois la même chose sans manifester la moindre émotion, les scènes qui montraient des êtres humains se mettant à rire subitement alors qu'il n'y avait rien de risible : voilà ce qui était cauchemardesque. Cette pièce était envahie par ces images et c'était là que les employés de la gare prenaient leur pause ou venaient manger leur gamelle.

La fois suivante où elle avait été victime d'un vertige, Yûko avait réussi à se retenir jusqu'à la prochaine gare. Elle n'avait pas eu envie de se retrouver dans cette pièce. Elle s'était dit qu'elle irait s'enfermer dans les toilettes et se caresserait frénétiquement la chatte et l'anus. Récemment, elle avait compris que ce n'était pas parce qu'elle avait envie de se masturber qu'elle avait des vertiges. C'était plutôt l'inverse : la masturbation lui permettait de lutter contre les vertiges.

Les vertiges qui la prenaient le jour en pleine ville avaient bien une origine sexuelle. Et c'était la raison pour laquelle elle tentait de les combattre par la masturbation. Il lui arrivait souvent de faire venir chez elle un homme rencontré par hasard. Elle n'avait qu'à dire qu'elle avait envie de baiser et l'homme la suivait. C'était un désir incontrôlable. Il lui fallait un homme tout de suite, n'importe qui, n'importe comment. Ce ne pouvait être que sexuel. Pourtant, elle ne savait pas ce qu'elle devait demander à ce « n'importe qui » et, ne le sachant pas, continuait à souffrir. C'était aussi la raison pour laquelle cela devenait un problème d'ordre sexuel. Le sexe, c'était facile à comprendre. Ce dont elle avait besoin ou ce dont elle pensait avoir besoin était tout à fait clair et c'était ainsi qu'en un rien de temps se nouait « une relation humaine ». Et puis, il n'était pas nécessaire de la faire durer, cette relation. Un petit effort pour satisfaire le partenaire, même pas la peine de choisir ses mots, et c'était fini. Quand ils avaient joui ou que l'homme avait éjaculé, il suffisait de s'essuyer avec un Kleenex et c'était fini. Yûko ne savait jamais si elle était satisfaite ou non : elle ne comprenait pas ce que pouvait bien signifier « être satisfaite ». Il lui semblait plutôt avoir simplement étanché une soif. Elle n'imaginait pas non plus que son désir sexuel puisse être d'une nature fondamentalement différente de celui des autres. A l'hôpital, les médecins avaient parlé de lubricité. Mais en réalité, peu importait le terme, peu importait si c'était ou non une maladie.

La nuit s'éclaircissait à l'est. Après le prochain croisement, la rue donnait sur la rivière Tama. Yûko aimait marcher sur le sentier qui longeait les berges en attendant que le jour se lève. Lorsque le ciel passait progressivement du mauve au bleu, elle écoutait un morceau de Wagner. Un morceau tiré de *Parsifal* ou de *Tristan et Isolde*. A l'exception de Wagner, Yûko n'écoutait jamais de musique. Elle ne possédait pas de walkman. Mais comme elle avait écouté Wagner un nombre incalculable de fois, il lui suffisait d'activer un coin de son cerveau pour entendre automatiquement de la musique. Tous les héros des opéras de Wagner étaient des personnages tourmentés. Mais elle n'avait encore jamais rencontré dans la vie réelle de personnes aussi tourmentées, elle n'avait encore jamais rencontré de personnages wagnériens. Quelle était la différence entre le tourment et la tristesse ?

De nombreuses personnes déclarent souffrir de tristesse ou de solitude, ou bien au contraire, ne pas en souffrir. Dans le lotissement où habite Yûko, il y a un homme qui vit dans une niche, une laisse de chien autour du cou. C'est un ancien chauffeur routier et la femme qui habite dans cette maison l'entretient comme un animal domestique. Elle a tout à fait l'air d'une entraîneuse de bar et se maquille outrageusement comme une actrice de la revue de Takarazuka. Un visage sévère. L'homme qui habitait autrefois avec sa famille dans la ville de Saitama avait rencontré cette femme au visage sévère à Ginza ou Akasaka, il avait oublié où exactement. C'était lui qui avait demandé de vivre dans la niche du chien. Yûko discutait parfois avec cet homme que tout le monde connaissait dans le quartier mais à qui personne ne venait jamais parler. Elle lui avait demandé ce qu'était devenu le chien qui vivait dans la niche. Elle avait d'abord pensé que l'homme l'avait chassé pour occuper sa niche. Il lui avait répondu qu'il n'y avait jamais eu de chien dans cette maison. « La niche, c'est moi qui l'ai achetée et installée ici. » L'homme était parfois fouetté par cette femme au visage sévère avec une branche d'arbre, dans un coin du jardin qui restait invisible depuis la rue. Yûko avait l'autorisation de pénétrer dans ce jardin bien qu'elle n'ait jamais demandé si elle pouvait entrer et qu'aucun des deux ne l'y ait jamais invitée. Un jour, l'envie l'avait prise de pénétrer dans ce jardin et elle était entrée. Ni l'homme ni la femme n'avaient protesté. La femme au visage sévère avait fouetté jusqu'au sang l'homme qui portait une laisse de chien autour du cou. Lorsqu'ils s'étaient rendu compte que Yûko les observait, la femme au visage sévère s'était tournée vers elle et lui avait simplement demandé en souriant : « Ça te dit ? » Elle voulait savoir si Yûko était excitée. Yûko lui avait demandé si elle pouvait baiser avec l'homme, mais elle lui avait répondu que c'était interdit. « Tu vois bien que ce n'est qu'un chien, les êtres humains et les chiens ne baisent pas ensemble ! » Lorsqu'il vivait à Saitama, l'homme était souvent envahi d'un profond sentiment de solitude et de tristesse. C'est ce qu'il avait confié à Yûko. « A l'époque, je n'ai pas compris que ce sentiment était de la solitude. J'avais deux enfants, ils étaient mignons. J'étais souvent irritable. Je montais dans le camion et je partais travailler, je n'avais pas le choix. Je mangeais mon riz pilaf en famille. C'était pas qu'il me manquait quelque chose. Non, c'était pas ça. Mais j'avais l'impression de me tromper sur tout. Je crois que les êtres humains ont plusieurs visages. Ils modifient leur personnalité en fonction des autres, en fonction de chaque être humain qu'ils rencontrent. Quand on rencontre quelqu'un, on devient vraiment quelqu'un d'autre. Les êtres humains ont besoin des autres pour se prouver qu'ils existent. Mais j'étais seul, seul au beau milieu de ma famille. Moi. Ma famille. C'était bien moi avec ma famille. Mais maintenant avec cette femme, j'ai vraiment l'impression d'être moi-même. C'est pas que ça me repose, que ce soit le pied ou que ça m'excite, mais c'est ce qui me convient le mieux. A moi. Maintenant. Et si, parmi les six milliards d'êtres humains que compte cette planète, je suis probablement le seul à faire ces trucs aussi grotesques, je vis réellement ce que je suis et je me fous pas mal des autres six milliards d'individus. Je ne suis pas malheureux avec cette femme. »

— Alors, on se promène ?

Quelqu'un venait de s'adresser à Yûko d'une maison située sur l'autre rive. Un homme dans la quarantaine. Il avait le visage tuméfié, violacé.

— Oui, je me promène, répondit Yûko.

— Euh ! Je voudrais te demander un service, dit l'homme au visage boursouflé. Ses paupières et ses arcades sourcilières étaient si tuméfiées qu'il gardait les yeux quasiment clos. Du sang coulait encore de son nez et sa lèvre inférieure pendait, flasque, comme chez les membres d'une ethnie d'Afrique centrale. Yûko avait vu un documentaire sur cette ethnie. L'homme essaya de sourire à Yûko mais n'y parvint pas. Cet homme était battu par son fils. « C'est une période délicate. » C'était aussi l'avis du psychologue et, suivant son conseil, l'homme avait installé dans le jardin un préfabriqué dans lequel il vivait à l'écart de son fils. Mais le fils le poursuivait jusque dans son abri de jardin pour le rouer de coups.

Il y a une semaine, à peu près à la même heure, Yûko avait vu le fils battre son père. Le pavillon n'était pas très grand. Et le préfabriqué qui y était adossé ne devait guère permettre qu'à une seule personne adulte d'y dormir inconfortablement. L'abri occupait toute la surface du jardin, les carreaux avaient volé en éclats et les murs étaient cabossés comme si on avait cogné dessus avec une batte de base-ball. La scène avait été particulièrement sanglante. Yûko regardait le fils qui cognait sur son père, assis à califourchon sur son dos. « Dégage ! Qu'est-ce que tu regardes ? » avait-il dit en l'apercevant. La porte d'entrée du pavillon était restée ouverte et le téléphone avait sonné précisément à ce moment-là. Le répondeur était branché mais Yûko avait entendu une voix de femme qui laissait un message. « Rappelle-moi dès que possible », avait-elle traduit à l'intention du père et du fils. Le fils l'avait regardée avec une expression semblant dire : Mais qu'est-ce qu'elle raconte ? « J'ai pensé que je ferais mieux de vous avertir. Je crois que c'était un message de ta mère, avait-elle expliqué. La grand-mère de Niigata a eu un malaise. Rappelle-moi dès que possible et préviens papa. » Le père s'était relevé péniblement et était retourné dans le pavillon. Le fils ne parvenait pas à détacher son regard de Yûko. « T'es qui, toi ? » avait-il hurlé. Yûko avait expliqué qu'elle pouvait entendre les sons dans les lignes de téléphone et le père était ressorti de la maison en disant que c'était exact. « T'as un pouvoir surnaturel ? » avait demandé le fils. « J'sais pas », avait répondu Yûko qui avait fait mine de reprendre son chemin. « Attends ! » Yûko s'était immobilisée. Le fils lui avait alors posé diverses questions au sujet de ce pouvoir surnaturel et elle lui avait expliqué, le plus simplement possible. Puis le fils l'avait prise par la main et attirée dans le pavillon. Le père était déjà occupé à préparer ses affaires de voyage. « Je pars pour Niigata », avait-il dit. Le fils l'avait ignoré. Il avait apporté une vieille cassette dont il avait brisé le boîtier en plastique et il avait commencé à dérouler la bande magnétique à grands gestes. « Ça, c'est une cassette que m'a envoyée un ami en guise de lettre et que j'ai effacée par erreur en la prenant pour la cassette d'anglais de ma mère. Tu peux me la lire ? » Yûko avait répondu que c'était impossible. « Je ne peux voir et entendre que les signaux électriques qui circulent à l'intérieur des câbles de téléphone, de magnétoscope ou d'ordinateur. Si l'impression magnétique n'est pas transformée en signaux électriques, je ne peux pas percevoir les sons », avait-elle fini par lui expliquer. Le fils avait été déçu mais il avait apprécié la gentillesse avec laquelle Yûko lui avait parlé. Il lui avait demandé s'il devait aller avec son putain de père au chevet de sa grand-mère de Niigata qu'il avait toujours aimée. « Je n'ai jamais connu ce genre de personne, alors je n'en sais rien », avait-elle répondu. Le fils avait finalement décidé d'accompagner son père à Niigata.

Il ne parlait absolument jamais à son père.

— Il n'avait pas l'air très en forme. J'ai vraiment eu peur quand il m'a frappé en me maintenant par la tête. Je me suis demandé si je ne devais pas appeler la police ou une ambulance. S'il n'avait rien eu, il ne se serait pas mis dans une telle colère. Je crois bien qu'il finira par me tuer. Mais je suis certain que toi, tu réussirais à lui parler, dit le père à Yûko.

— J'ai pas envie, répondit-elle.

Le père se mit à sangloter.

— C'est de ma faute, j'aurais dû être plus fort. Maintenant, tout est foutu, il ne me parle même plus. Pourtant je suis convaincu que sa violence est une forme de communication. Je me dis que c'est un signal. Et c'est comme ça que j'arrive à supporter.

C'est ce que le père, tombé à genoux sur le sol, dit en sanglotant.

— Un signal ! Mais c'est pas du tout ça, un signal, dit Yûko qui s'éloigna du pavillon.

Tout en marchant le long de la rivière, Yûko pensa que cela ne prendrait pas plus de quelques minutes avant que le soleil se lève. Quand elle eut fini d'écouter le morceau de *Parsifal*, elle était presque revenue à son appartement. Kôji, son garde du corps, devait déjà s'y trouver, occupé à préparer le petit déjeuner. Kôji avait été recruté par son tuteur. Elle avait beau lui faire des avances, il ne voulait jamais coucher avec elle. Sans doute son tuteur le lui avait-il formellement interdit. « Si je lui demande si c'est parce que je ne lui plais pas, il répond toujours que c'est pas ça. » C'est vrai que Yûko avait l'allure d'une petite fille et que ça ne développait pas l'agressivité. « Les hommes ne peuvent pas baiser sans agressivité », lui disait toujours Kôji. Il lui disait aussi qu'elle n'avait pas dû avoir une enfance très facile. Mais Yûko ne comprenait pas ce qu'il voulait dire car elle était incapable de se comparer aux autres et ne lisait jamais de livres. Elle était persuadée qu'il ne voulait pas coucher avec elle parce qu'elle ne lui plaisait pas.

Lorsque Yûko se masturbe, elle imagine qu'elle est violée par des hommes qui la détestent. Et même quand elle fait monter un homme chez elle, elle lui demande toujours de lui dire qu'il la déteste. Certains êtres humains lui ont aussi dit : « Je t'aime. » Mais Yûko ne comprend pas ce que peut bien vouloir dire aimer un être humain. C'est un sentiment qu'elle ne comprend pas. Et même si c'était un sentiment semblable à celui qu'elle éprouve pour la peinture de Kandinsky ou la musique de Wagner, elle a l'impression que personne au monde ne serait capable d'éprouver pour elle un tel sentiment. Les sentiments qu'elle a pour Kôji, par exemple, n'ont rien à voir avec ceux qu'elle éprouve pour la musique de Wagner. Si Kôji disparaissait, elle n'en souffrirait pas. Mais si la musique de Wagner disparaissait, elle croit bien qu'elle ne pourrait plus vivre. « Les êtres humains ont besoin des autres pour se prouver qu'ils existent », avait dit l'homme qui habitait dans une niche de chien. Yûko se demanda ce qu'il faudrait en conclure si c'était exact.

« Pour moi, les autres n'existent pas. »

POSTFACE

Lorsque j'ai écrit *Topaze* dans les années quatre-vingt, les personnages féminins travaillant dans les clubs sadomasos que je décrivais dans ce recueil de nouvelles formaient un groupe très marginal au sein de la société japonaise. Et je pense qu'en offrant ainsi leur corps à la mise en scène de jeux sexuels sadomasos, ces femmes se mettaient ouvertement en marge de la société. Autrement dit, ce livre représentait pour moi une nouveauté parce qu'il ne reposait pas sur les bases de la narration moderne et n'était pas le récit de destins individuels.

J'ai l'impression d'être arrivé à *Lignes* en écrivant ces dernières années des romans ayant pour motif des sujets négatifs tels que le bizutage à l'école, le meurtre, le désir de suicide, le body piercing ou la prostitution adolescente.

Le vide spirituel dans lequel évoluent les filles des clubs sadomasos de *Topaze* est à présent considéré comme une chose tout à fait évidente à tous les niveaux de la société. Pourtant, ces personnages ne possèdent pas encore leurs propres mots. Et comme ce sentiment de solitude et de tristesse qui a englouti le Japon contemporain depuis la fin de l'époque de modernisation n'a connu aucun antécédent historique, il n'a pas trouvé l'occasion d'être exprimé dans un langage qui lui soit propre, ni d'être correctement replacé dans le contexte qui l'a vu naître. Il reste lié à une impression diffuse d'enfermement et tourne à vide, prisonnier de comportements conduisant uniquement au désir de rompre tous les liens entre soi-même et la société.

Aujourd'hui, le documentaire ne suffit plus. Et puisque la période de modernisation est achevée, la littérature de cette époque doit périr à son tour. La littérature ne doit pas exercer d'hégémonie sur des gens dépourvus de mots. Elle ne doit pas non plus se satisfaire en se calquant sur cette vacuité. La littérature doit s'efforcer, par la force de l'imagination et la structure d'une histoire, de traduire les mots de ces gens-là.

Yûko qui apparaît dans ce livre est l'incarnation de ce modèle. Elle est évidemment incapable de lire les signaux circulant dans les câbles électriques mais elle m'a donné des informations précieuses pour l'écriture de ce roman.

Qu'elle en soit ici remerciée.

MURAKAMI RYÛ

Yokohama, 12 juillet 1998

Achevé d'imprimer
sur les presses de
l'imprimerie France Quercy
à Cahors

N° d'impression : 31744/
Dépôt légal : août 2003